中欧前沿观点丛书

[美] 蔡舒恒 著

沉浸乐购
体验式消费新浪潮

机械工业出版社
China Machine Press

图书在版编目（CIP）数据

沉浸乐购：体验式消费新浪潮 /（美）蔡舒恒著 . -- 北京：机械工业出版社，2022.5
（中欧前沿观点丛书）
ISBN 978-7-111-70613-7

Ⅰ. ①沉… Ⅱ. ①蔡… Ⅲ. ①消费模式 – 研究 Ⅳ. ① F014.5

中国版本图书馆 CIP 数据核字（2022）第 068898 号

沉浸乐购：体验式消费新浪潮

出版发行：机械工业出版社（北京市西城区百万庄大街 22 号　邮政编码：100037）
责任编辑：史维娜
责任校对：殷　虹
印　　刷：北京诚信伟业印刷有限公司
版　　次：2022 年 7 月第 1 版第 1 次印刷
开　　本：147mm×210mm　1/32
印　　张：6.25
书　　号：ISBN 978-7-111-70613-7
定　　价：69.00 元

客服电话：（010）88361066　88379833　68326294　　投稿热线：（010）88379007
华章网站：www.hzbook.com　　　　　　　　　　　　读者信箱：hzjg@hzbook.com

版权所有·侵权必究
封底无防伪标均为盗版

中欧前沿观点丛书
（第二辑）

丛书顾问：汪泓　迪帕克·杰恩（Dipak Jain）
　　　　　丁远　张维炯
主　　编：陈世敏
执行编辑：袁晓琳

院长的话

中欧国际工商学院(下称"中欧",创建于1994年)是中国唯——所由中国政府和欧盟联合创建的商学院。二十余载风雨兼程,伴随着中国经济稳步迈向世界舞台中央的历史进程,中欧从西方经典管理知识的引进者,逐渐成长为全球化时代中国管理知识的创造者和传播者,走出了一条独具特色的成功之路,建成了一所亚洲领先、全球知名的商学院。中欧以"认真、创新、追求卓越"为校训,致力于培养兼具中国深度和全球广度、积极承担社会责任的商业领袖,被中国和欧盟的领导者分别誉为"众多优秀管理人士的摇篮"和"欧中成功合作的典范"。目前,中欧在英国《金融时报》全球MBA百强榜单中已连续四年稳居前十,在其全球EMBA百强榜单中连续四年位居前五。

中欧拥有世界一流的教授队伍,其中有80余位全职教授,来自全球十余个国家和地区,他们不仅博学善教,也引领商业知识的创造。中欧的教授队伍中既有学术造诣深厚、连续多年引领"高被引学者"榜单的杰出学者,又有实战经验丰富的企业家和银行家，以及高瞻远瞩、见微知著的国际知名政治家。受上海市政府委托，中欧领衔创建"中国工商管理国际案例库"（ChinaCases.Org），已收录中国主题精品案例 2000 多篇，被国内外知名商学院广为采用。中欧还独创"实境教学法"，引导商业精英更好地将理论融入实践，做到经世致用、知行合一。

2019 年起，中欧教授中的骨干力量倾力推出"中欧前沿观点丛书"，希望以简明易懂的形式让高端学术"飞入寻常百姓家"。我们希望这套丛书能够给予广大读者知识的启迪、实践的参照，以及观察经济社会的客观、专业的视角；也希望随着"中欧前沿观点丛书"的不断丰富，它能成为中欧知识宝库中的一道亮丽风景线。

汪泓教授

中欧国际工商学院院长

迪帕克·杰恩（Dipak Jain）教授

中欧国际工商学院欧方院长

总　序

继2019年11月首批6本"中欧前沿观点丛书"在中欧25周年庆典上亮相之后,"中欧前沿观点丛书"第二辑终于又和读者见面了。

丛书第一辑面世后,因其对中国经济社会与管理问题客观、专业的观察视角和深度解读而受到了读者的广泛关注和欢迎。对于中欧来说,"中欧前沿观点丛书"也具有里程碑式的意义,它标志着中欧已从西方经典管理知识的引进者,逐渐成长为全球化时代中国管理知识的创造者和传播者。

中欧成立至今还未到30年,却已是一所亚洲领先、全球知名的商学院。尤其近几年来,中欧的课程建设屡创佳绩:MBA课程在英国《金融时报》全球MBA百强榜单中连续四年稳居前十,全球EMBA课程连续四年位居前五,2020年更是跃居全球第二,卓越服务EMBA课程荣获EFMD课程认证体系认证,DBA课程正式面世……在这些高质量课程的引导下,中欧的学生和校友也成绩斐然:截至2021年8月,已有14家中欧校友企业进入《财富》世界500强,11位校友荣登2021福布斯中国最佳CEO榜,更让人骄傲的是,中欧校友总会因在抗疫"战役"中的优秀表现,荣获了"2020中国社会企业与影响力投资论坛向光奖组委会奖"……这些成就,让我们看到了中欧的竞争力、创造力和生命力。而这一切,都与学院拥有一支卓越的国际化教授队伍密不可分。

中欧教授们来自全球十多个国家和地区,国际师资占比60%。在英国《金融时报》的权威排名中,中欧师资队伍的国际化程度稳居全球前列。中欧的教授学术背景多元,研究领域广泛,学术实力强劲,在爱思唯尔中国"高被引学者"榜单"商业、管理和会计"领域,中欧教授连续六年上榜人数位居第一。在学院的学术研究与实境研究双轮驱动的鼓励下,教授们用深厚的学术修养和与时俱进的实操经验不断结合国际前沿理论与中国实践,为全球管理知识宝库和中国管理实践贡献智慧。例如,学院打造"4+2+X"跨学科研究高地,挖掘跨学科研究优势;学院领衔建设的"中国工商管理国际案例库"(ChinaCases.Org)迄今已收录2000多篇中国主题案例,为全球管理课堂教学与管理实践助力。尤为值得注意的是,在这全球面对疫情逆境、备感压力的两年间,中欧教授从各自领域出发,持续为企业复产和经济复苏建言献策。同时，在"十四五"的开局之年，中欧教授提交各类政策与建言，涵盖宏观经济、现金流、企业风险管理、领导力、新零售等众多领域，引发广泛关注，为中国乃至全球企业管理者提供决策支持，助力全球经济的疫后复苏。

中欧教授承担了大量的教学与研究工作，但遗憾的是，他们无暇著书立说、推销自己，因此绝大多数中欧教授都"养在深闺人未识"。这套"中欧前沿观点丛书"就意在弥补这个缺憾，让这些"隐士教授"向大众读者露个脸，让不曾上过这些教授课程的读者领略一下他们的学识和风范，同时也让上过这些教授课程的学生与校友们重温一下曾经品尝过的思想佳肴，更重要的是，让中欧教授们的智慧与知识突破学术与课堂的限制，传播到更多人的眼前。

作为丛书第二辑，此次依然延续第一辑的特点：首先，每本书都有足够丰富和扎实的内容，满足读者对相应主题的知识和信息需求；其次，虽然书稿内容都富含专业信息，但又举重若轻、深入浅出，既能窥得学术堂奥，又通俗易懂、轻便好读，甚至随时随地都能读上几页；最后，这些书虽由教授撰写，但都贴合当下，对现实有指导和实践意义，而非象牙塔中的空谈阔论。我想，做到了以上这三点，这套丛书就能达到我们的期望，为读者带去一些知识的补给与阅读的乐趣。聚沙成塔，汇流成河，我们也希望在未来的日子里，有更多的教授能够通过"中欧前沿观点丛书"这个平台分享思想火花，也希望这套丛书能不断丰富，成为中欧知识宝库中一道亮丽的风景线，为中国乃至世界的经济与商业进步奉献更多中欧智慧，贡献更多积极力量！

主编　陈世敏

中欧国际工商学院会计学教授、

朱晓明会计学教席教授、案例中心主任

致　谢

　　这本书的写作过程坎坷，正值新冠肺炎疫情，2021年，百业正复苏，却又迎来德尔塔病毒侵略，国界持续加强管控至2022年。我的健康状况也随着疫情起起伏伏，2020年以为手术顺利，随即回归工作岗位，难料2021年初复诊，发现病情反复，需马上进行二次手术以阻止病情加剧。我虽心情急坠谷底，但仍需打起精神面对漫长的治疗。这段时间要特别感谢我永远的学姐李秀娟教授的开导，中欧国际工商学院领导恩允学术假期，以及战略与创新学系全体同人的爱心包容，在短时间通知下处理并接下我所有工作。我也必须要对我的研究团队中的张云路教授、刘婕老师、周宪老师说声抱歉，同时谢谢他们持续助力这本书的材料收集整理及相关案例企业访谈。谢谢中欧，谢谢领导，谢谢同事，有你们真好！

　　我更要谢谢我的家人——父亲蔡承勋先生、母亲刘蕙美女士的悉心陪伴，谢谢蔡旻芬女士、凌宇光医师/教授、蔡清徽教授、王裕华建筑师/教授、蔡旻翰先生、朱怡洁女士的爱心鼓励；感谢中山医学大学附设医院、台湾童综合医院的顶级医疗团队，妹夫林巧峰主任医师/教授为我手术操刀，妹妹蔡青劭主任医师/教授顶住压力亲任主治大夫，还有医术精湛的谌鸿远主任医师、杨怡瑱主任医师、郑凯伦医师；感谢挚友郭旻奇先生、Michael Young 教授、赖俊豪先生、陈永康先生、郭惠宇先生、王纬彬先生、高国洪先生、Philip Shew 先生、Roy Lin 先生和 Ray Huang 先生为我病情代祷；谢谢中欧的同学百忙之中送药、发信或致电慰问；感谢主赐恩典，恩情铭记于心。

目 录

院长的话
总序
致谢

导　言　体验经济时代
　　　　　企业应如何重构消费者关系　　　| 1
　　　　　什么是"体验"　　　　　　　　　| 3
　　　　　什么是体验经济　　　　　　　　| 7

第 1 章　以客户为中心的哲学
　　　　　体验即营销　　　　　　　　　　| 13
　　　　　缘起丽江花间堂　　　　　　　　| 17
　　　　　"我"即原点　　　　　　　　　　| 19
　　　　　乘兴而来，尽兴而返　　　　　　| 22

西溪湿地的橄榄枝　　　　　　| 24
场景化需求　　　　　　　　　| 26
即兴的智慧　　　　　　　　　| 28
休闲度假内容平台　　　　　　| 31

第 2 章　确认体验的主题

留下关于品牌的独特记忆　　　| 35

面料界的系统工程师　　　　　| 40
做品质面料　　　　　　　　　| 43
面料也时尚　　　　　　　　　| 45
夹缝中的美　　　　　　　　　| 47
时尚集合店　　　　　　　　　| 50
自然是"皱"的　　　　　　　| 53

第 3 章　美的溢价

打造体验的个性与调性　　　　| 55

彩妆新赛道　　　　　　　　　| 59
"国潮 + 彩妆"　　　　　　　| 61
古风印象　　　　　　　　　　| 66
古典气质明星 +KOL　　　　　| 69
花西子体验官　　　　　　　　| 73
国妆经典　　　　　　　　　　| 75

第 4 章　参与感

抓住年轻人群的心　　　　　　　| 77

从经销商到运营商　　　　　　　| 82

两个轮子一起转　　　　　　　　| 87

内容运营　　　　　　　　　　　| 89

走出美妆圈　　　　　　　　　　| 91

台前与幕后　　　　　　　　　　| 93

一边穿衣服一边跑　　　　　　　| 96

第 5 章　跨界融合

传统行业新玩法　　　　　　　　| 99

从"开天辟地"到"完美世界"　　| 104

端游时代经典 IP　　　　　　　　| 108

"影游联动"与 IP 生态闭环　　　| 112

老 IP 换新颜　　　　　　　　　　| 117

年轻化战略　　　　　　　　　　| 120

IP 生态圈之梦　　　　　　　　　| 123

第 6 章　品牌互动

实现与消费者的"双向奔赴"　　| 127

博物馆运营文创时代　　　　　　| 132

故宫文创 IP 家族谱系　　　　　 | 136

故宫 IP 商业化成长史 | 141
"人设"背后的大生意 | 145
"嫡庶之争"与 IP 授权 | 148

第 7 章　情绪价值

直面消费中的非理性 | 151

"盲盒经济"的起源 | 154
潮流用品杂货铺 | 157
潮玩 IP 运营平台 | 161
中国潮玩行业第一股 | 166
消费新逻辑 | 167
打造下一个娱乐帝国 | 173

结　语　重塑竞争优势的基础 | 177

导　言

体验经济时代
企业应如何重构消费者关系

人类社会的经济发展走过了农业经济、工业经济和服务经济三个阶段,经济产出经历了从初级产品到产品,再从产品到服务的转变,目前正潜移默化地步入以"体验"为价值核心的体验经济时代。

传统的经济学理论认为,消费者去市场上消费,只需要比较不同物品的性价比,然后根据自身的收入总量进行最优权衡。在理性经济人的视角下,要选择购买的商品,只需要不停地更换交易对象,寻求最大利益。然而,如果消费者和商家之间建立了信任关系,就能够大幅节约筛选成本、信息成本和谈判成本——基于信任形成的合作关系,会让双方心情愉悦,从而使效用大幅提升。这种效用被诺贝尔经济学奖得主丹尼尔·卡尼曼(Daniel Kahneman)称作"体验效用"。而有效建立信任关系则成为构建愉悦体验式消费的基础。

"体验"重构了"供"与"需"的关系。罗伯特·罗斯(Robert Rose)和卡拉·约翰逊(Carla Johnson)在《体验:营销第七纪》中表示,品牌与消费者的关系随着营销环境的变化,已经从最开始通过产品和服务建立关系,进化到现如今以体验来构建关系的时代。体验之所以重要,是因为这个时代的产品和服务太容易被复制和大量生产,而由于个人主义的兴起,消费者越来越渴望与众不同、极端定制化的东西——这种体验才能将自己

与其他品牌区别开来。○

如果我们还是按照传统的"产品思维",那我们一定不能理解,为什么书店不再专心"卖书",服装店不再专心"卖衣服"。位于上海历史风貌区上生·新所的日本茑屋书店怎么看都像是一座历史博物馆,货架上陈列的书籍品类远不及传统书店,但它的客流量却是传统书店的好几倍,甚至还成为"网红打卡地"。同样位于上生·新所的时尚集合店集丝坊,有人说它是"卖丝绸的",有人说它是"卖衣服的",还有人说它就是"闺密们聚会的场所"。**产品模糊了原本的功能与定位,更加考虑顾客在消费过程中的体验感受,将企业、品牌和顾客的生活方式联系起来,营销界甚至有了这样一种说法——"当企业能够更好地满足消费者的情感需求时,企业就不需要推销自己的产品了"**。没错,这就是体验经济的独特魅力所在。在体验经济时代,产品不再是价值本身,顾客购买的也往往是他们自己所感受到的独特价值体验。

什么是"体验"

"体验"(experience)是古老而又神秘的存在。早在

○ ROSE R, JOHNSON C. Experiences: the 7th era of marketing [M]. Cleveland: Content Marketing Institute, 2015.

农业经济时代，文人墨客们留下的无数千古名句是对体验价值的最佳见证。正所谓"对酒当歌，人生几何！譬如朝露，去日苦多"。一代枭雄曹操曾经把多少的壮志豪情、慷慨激昂都寄托在酒中，在他眼里，酒不再仅仅是酒，也是他的万种思绪。作为全世界各大文明的共同"语言"，酒承载着一个民族的历史记忆，更寄托着不同时代人们的种种情思。

进入工业经济时代，特别是工业经济的高级阶段——服务经济时代，我们往往将体验归属于服务，却忽略了超越服务本身的主观价值。我们来到茑屋书店都会享受到店员（即"生活提案顾问"）提供的"提案"服务，帮助我们建设除阅读以外的最佳生活方式，如看一场艺术展，听一次讲座，喝一杯咖啡，享用一瓶美酒……但是在享受这些服务的同时，我们也购买了一种体验，购买了一种让我们沉浸其中、难以忘却的主观记忆。我们可以拍照留念，也可以将自己的感受写成文字，但是与这些活动相关的个体记忆或许只有我们自己才最清楚。由于主观感受的不可测量性，产品或者服务的独特价值体验所带来的"消费者剩余"长期以来都没有引起足够的重视。

体验可能是一种娱乐、一种消遣，但是体验并不完全等同于娱乐和消遣。从某种意义上来说，体验至少包含4

种元素，一些学者也称之为体验的"4E理论"。他们从消费者的参与形式和体验活动的关联方式两个方面，总结了体验活动的4种元素，即娱乐性（entertainment）、教育性（education）、逃避性（escape）和审美性（estheticism）。这4个部分的组合构成了一个"体验王国"。㊀

娱乐性 由于营造体验活动的榜样大多数来源于我们广义上所说的娱乐行业，如网络游戏、体育竞赛、歌唱表演等，人们很容易轻易

> 消费者剩余（consumer surplus）又称为"消费者的净收益"或者"消费者盈余"，它是由当代经济学创立者阿尔弗雷德·马歇尔（Alfred Marshall）教授提出，被广泛运用于衡量消费者福利的重要指标。一般而言，消费者剩余等于消费者对于某一项产品或者服务的主观评价减去实际支出。由于体验本身带有很强的内在心理价值，消费者对属于体验经济的产品和服务往往具有更大的支付意愿，因此从某种程度上来说，体验经济能够创造更大的消费者福利。

下结论：实现由服务经济向体验经济的转型意味着企业需要在现有的业务活动中增加更多的娱乐元素。比如，

㊀ 派恩，吉尔摩. 体验经济 [M]. 毕崇毅，译. 北京：机械工业出版社，2016.

餐馆为了提高就餐体验可以安排一些现场表演活动，而培训学校为了提升学生的学习体验也会增加一些互动和游戏环节。虽然这也是企业拥抱体验经济的一种方式，但是如果就此认为体验经济等于"娱乐＋"，那么我们将错过体验经济的其他福利。

教育性 和娱乐性体验一样，教育性体验也是一种吸引式的活动。"吸引式参与"意味着外在环境的刺激吸引消费者的注意力，或者说体验活动借助其活动的载体"走向"消费者。比如，过去故宫一直都是以高姿态面向大众，然而随着故宫摘去那一层神秘的面纱，一个"呆萌、可爱"的皇帝形象逐渐吸引了越来越多年轻人的主动式参与。如果说故宫以往的简单陈列是对历史的见证，那么现在故宫文创的引入才真正是让文物"活起来"，让每一个消费者都能够细细品味来自遥远时代的历史记忆。文物是历史表达的一种形式，但是通过文创历史又成为一种新的价值塑造。在后面的章节中，我们将会详细讲述故宫文创的案例。

逃避性 与纯粹的娱乐性体验相反，产生逃避性体验的消费者完全沉浸在自己作为主动参与者的世界里。最典型的例子就是游戏。在游戏世界里，用户完全可以寻找到适合自己的一片天地，他们可以基于另一套社会规则释放自己。同样，随着城市生活节奏的加快，越来越多的人希望逃避到另一个世界中，寻找自己丢失已久的生存状态。在后面的内容中，你会读到十里芳菲和完美世界的案例，你将会对体验活动的逃避性具有更深入的了解。

审美性　如果说消费者参与娱乐性体验是为了寻求精神愉悦，参与教育性体验是为了学习知识，产生逃避性体验是想远离尘世的喧嚣，那么参与审美性体验就可以说仅仅是为了享受身临其境之感罢了。不错，花西子的产品或许确实有其独到的功效，但是从体验经济的角度来说，消费者更多的是享受来自"东方美妆"的审美性体验。这也决定了消费者在做出购买决策时，产品本身的质量并不是首要的考虑因素，产品在感官上的审美性体验反而更能左右消费者的购买决策。在后面的章节中，你将阅读到更多相关的内容。

基于以上分析，我们至少可以认识到：体验是一种多维度的主观心理感受。那么，基于"体验"而形成的"体验经济"又该如何理解？

什么是体验经济

从学术研究的角度来说，"体验经济"（experience

economy）这一概念最早可以追溯到20世纪90年代。[①]1997年前后，派恩（B.Joseph Pine Ⅱ）和他的合作者吉尔摩（James H.Gilmore）最早在《华尔街日报》和《战略与领导力》（*Strategy and Leadership*）中论述了他们关于体验经济的思考。这些思考来源于他们在"大规模顾客定制"课堂上的一次讨论：服务如何像产品一样实现大规模定制化？

派恩和吉尔摩认为，产品和服务的最大区别在于服务按需提供，而产品则在生产出来以后才售卖给消费者，二者存在时空上的差异性。由于产品的大规模定制需要在特定的时刻精准地定义、制造和交付适合每个客户需求的产品，从本质上来说，大规模定制即服务。[②]那么，服务的大规模定制化又产生了什么呢？派恩和吉尔摩认为，体验正是服务的大规模定制化产物，因此超越了传统意义上我们所说的"产品"（goods）和"服务"（services），成为继工业经济和服务经济之后下一次商业革命的核心。

在《如何从经验中获利》一文中，派恩和吉尔摩以咖啡豆为例讲述了从产品到服务，再从服务到体验的价

---

① PINE B J, GILMORE J H. Welcome to the experience economy [J]. Harvard Business Review, 1998, 76（4）: 97-106.

② PINE B J, GILMORE J H. The experience economy: past, present and future [M]. Cheltenham: Edward Elgar Publishing, 2013.

值跃迁逻辑。[一]根据企业提供业务的不同，我们可以划分出三种不同的经济产出——初级产品、产品和服务，分别对应着咖啡豆、咖啡和咖啡店。如今，一杯中杯美式咖啡大约需要耗费 20 克咖啡豆，按照市场上较高品质的熟咖啡豆价格 100 元 / 千克计算，20 克咖啡豆售价大约只有 2 元。然而，这 20 克咖啡豆研磨制成一杯普通的美式咖啡，全家（Family Mart）的售价为 10 元左右，瑞幸咖啡达到了 17 元以上，而在星巴克这一杯咖啡的价格则超过 28 元。

除了其他原材料成本，从 2 元到 10 元、17 元，再到 28 元的价值增值恰恰体现了不同经济产出的价值变化。购买全家咖啡，满足的是我们对咖啡这种产品的基本需要；当购买瑞幸咖啡的时候，我们享受了商家给我们提供的包括外卖配送等在内的一整套无形服务；而当购买星巴克咖啡的时候，我们更多的是在追求与众不同的咖啡消费体验。因此，从价值的角度来说，商品是有形的，服务是无形的，但只有体验令人沉浸其中。所以，到底何为"体验经济"？

在本书中，我们吸收了目前被广为接受的一种观点，即体验经济是以服务为舞台，以商品做道具，从生活与

[一] PINE B J, GILMORE J H. How to profit from experience [J]. Wall Street Journal-Eastern Edition, 1997, 230 (24).

情境出发，塑造感官体验及思维认同，以此抓住顾客的注意力，改变消费行为，并为商品找到新的生存价值与空间的新商业活动。㊀具体来说，体验经济至少具有如下几种性质。

交互性　与过去的农业经济、工业经济和服务经济相比，服务经济更加强调与消费者的互动。正如派恩和吉尔摩所言，在体验经济的世界里，"工作即演出"。消费者可以从被动到主动、从被吸引到浸入，以不同方式通过深度互动参与企业所编排的"戏剧"。企业与消费者之间与其说是简单的"产消"关系，不如说是一种"共创"关系。比如，花西子在上线之初就推出了"彩妆体验官招募令"，并将其用户称为"花伴"，正是因为花西子与其"花伴"的持续深入互动，"东方彩妆"的故事才得以延续。

高溢价　如果消费者对价值的专注点是商品本身，那么性价比不可避免会成为影响消费者购买行为的关键因素。在一切围绕性价比的商业世界里，利润空间自然越来越小。而体验经济把价值关注点从商品和服务本身转向体验。比如，在十里芳菲，消费者希望看到的是"诗和远方"；消费者沉迷于"盲盒"，也只是为了获取"不确定性消费"的独特价值体验。消费者在意的并不是

㊀　PINE B J, GILMORE J H. Welcome to the experience economy [J]. Harvard Business Review, 1998, 76（4）：97-106.

某一产品和服务的功能属性，因此企业如果能够精心塑造独特的体验活动，消费者就会心甘情愿地付出高溢价。

场景性 社会学家戈夫曼（Erving Goffman）说，"社会是舞台，人人皆演员"[一]。当我们以这样一种视角来看待当下的商业世界时，不难理解：每个人都是演员，需要进入不同的场景获取人生的意义感。因此，体验经济并不仅限于满足消费者的某一"痛点"需求，而是基于某一场景挖掘消费者的潜在需求。

从以上定义出发，体验经济并没有明确的产业界限。我们所熟悉的娱乐产业，当下火热的 ICT（information and communications technology，信息通信技术）产业，甚至传统制造业中都能看到体验经济的影子。随着产业革命的推进和消费结构的变化，未来还会有更多的企业主体加入到体验经济的浪潮之中，衍生出更多的体验经济模式。

在本书中，我们主要选取了体验经济发展最为典型的旅游、文创、快消品和游戏行业。通过本书所梳理的 7 个案例，我们希望读者能够深入参与到未来体验经济蓝图的构建中，形成自己独特的阅读"体验"。我们出发吧！

[一] 戈夫曼. 日常生活中的自我呈现 [M]. 冯钢，译. 北京：北京大学出版社，2008.

01
第 1 章

以客户为中心的哲学
体验即营销

商业可以不是冷冰冰的交易，而是充满人情味、内容丰富多彩的。体验提供的便是感官、情感、认知、行为和关系价值，取代了商品和服务提供的功能价值，它强调情感、互动等无形的方面，被用来触发想象、实现梦想，[一]也能够满足社会和心理需求，比如意义、身份、安全、浪漫、幸福等。[二]

在旅游行业中，体验营销是向游客推广、开发和传递价值的过程。从供给的角度来看，开发一个难忘的、高度情绪化的体验是实现竞争优势和商业成功的关键；从需求的角度来看，游客在旅游度假时，难忘的体验比产品和服务本身更加重要。学者对此下了这样的定义：游客的体验范围从纯粹的享乐、愉悦的体验，到寻找新奇和真实，再到寻找情感宣泄的机会。[三]

在花间堂创办之初，创始人张蓓就已经深谙情感体验在精品酒店这一细分市场中的重要性——"老宅子"

[一] HOLBROOK M B. Consumption experience, customer value, and subjective personal introspection:an illustrative photographic essay [J]. Journal of Business Research, 2006, 59（6）: 714-725.

[二] BOSWIJK A, THIJSSEN T, PEELEN E. The Experience Economy: A New Perspective [M]. Amsterdam:Pearson Education, 2007.

[三] SIDALI K L, KASTENHOLZ E, BIANCHI R.Food tourism, niche markets and products in ruraltourism: combining the intimacy model and the experience economy as a rural development strategy [J]. Journal of Sustainable Tourism, 2015, 23（8）: 1179-1197.

作为有形元素，提供了历史人文体验和"家的感觉"的基础，不仅在同质化的酒店行业脱颖而出，更令住客难以忘怀。而在十里芳菲这个项目中，张蓓和团队更是以客户为中心，通过关注体验、参与和互动，将客户与活动、客户与场景紧密联系起来。在这个时代，"体验即营销"，只要创造了令人难忘且触及心扉的印象，建立了品牌口碑，就会获得口口相传的效果。

内容提要

十里芳菲是位于杭州西溪国家湿地公园的主题度假村落，致力于为出行顾客提供"美食、美宿、美力、美愿、美物"等一站式休闲度假体验。通过阅读这一案例，你将重点了解如下内容：

1. 十里芳菲创始人张蓓的创业历程。
2. 十里芳菲基于休闲度假场景的商业模式设计。
3. 十里芳菲打造休闲度假内容集合平台的战略构想。

当城市的快节奏也拖拽不动人们疲惫的步伐，互联网海量信息却在不断传播着别人的美好生活时，城市里的人们亟需一个能够放慢脚步、安抚心灵的空间。这个地方不能再是跟着旅行团走马观花的景点，因为这是上一辈人出门看世界的调调；这个地方需要展示相当的文化底蕴，构建一个安稳的心灵港湾，让人达到身体和精神的放松。这就是文化叠加旅游的力量。2018年3月，诗和远方终于"走"在了一起。文化部和国家旅游局职责整合，组建文化和旅游部。这是一个新开端，也是一个里程碑，标志着旅游新格局的产生。

同样是在这一年，十里芳菲主题度假村落正式开门迎客。"我们的使命非常清晰，就是让世界看到中国文化之美；而我们的价值观也再清晰不过了，就是'yes、and'，就是让更多的人相信生活可以更美好"，十里芳菲创始人张蓓女士在一次接受访谈时说道。在此之前，张蓓还曾创立国内精品度假酒店品牌"花间堂"，成为中国民宿行业的开创者。与花间堂相比，十里芳菲占地面积更大，也承载着更多期待和新的元素。张蓓曾在一篇文章中写道，"如果说花间堂引领了一场酒店行业从功能到体验的升级,十里芳菲则是一次新生活美学的美丽实践"。

那么,"新生活美学"是怎样一种"美丽实践","yes、and"又是怎样一种底层逻辑?从花间堂到十里芳菲,张蓓如何通过新的商业模式设计和产业赋能,为我们构建了一个既富有文化底蕴又创造丰盈生活方式的"诗意远方"?这一章,我们一起走进杭州西溪这一片远离尘世的心灵净土。

缘起丽江花间堂

很长时间以来,国内酒店市场都处于产品雷同、缺乏特色、服务不足的竞争泥沼,酒店用户体验感差。然而,随着人们生活水平的提高,酒店用户不仅关注产品的功能性,而且更加注重入住的体验感和文化熏陶。为适应这一需求的变化,我国酒店行业迎来了继标准化产业模式之后发展的第二次春天。作为酒店行业发展出的一种新兴模式,主题酒店一般具有独特的装修风格、服务理念和文化产品特色,颇受年轻群体和城市中产阶级喜欢。据头豹研究院统计，2014～2018年，中国主题酒店行业市场规模（按销售额计）由174.5亿元增长至478.8亿元，年复合增长率达28.7%；而在未来几年内，这一市场还将以19.6%的年复合率持续增长，并于2023年达到1170.9亿元。[一]其中，反映地域文化特色和自然风光的民宿近几年发展迅猛，截至2019年，国内民宿产业规模已超过200亿元，并保持着将近40%的速度，高速增长。[二]

花间堂算是这一行业最早的民宿品牌。2008年前后，丽江度假酒店市场上多的依然是当地人或外地人开的价格百元左右的装修粗糙的客栈，或是经济连锁酒店，或是标准化的星级酒店。花间堂创始人张蓓去丽江旅行时，住在了古城的一个小客栈里。客栈只有6个房间，由纳西族传统木板房改造而成，房间狭小，隔音和保暖效果都不好，热水也时有时无，但人情味和文化感很足。坐在纳西小院的阳光下看看书，

[一] 头豹研究院. 2019年中国主题酒店行业概览［Z/OL］.（2019-11-09）［2021-05-19］. https://www.leadleo.com/report/details?id=5d78a2646eb21f165d73f19f.

[二] 过聚荣. 中国旅游民宿发展报告（2019）［M］. 北京：社会科学文献出版社，2020.

偶尔和老板下盘棋，背着小背篓去市场买菜，招呼老板、客人一起吃饭……张蓓感觉像极了自己儿时在天津爷爷奶奶家小四合院里的暑假生活，自在、惬意且具有浓郁的人文情怀。

职业的敏感性让张蓓看到了丽江精品酒店市场的空白。对于像张蓓这样的旅行者来说，他们更需要的是那种既能感受客栈慵懒惬意生活又能享受星级酒店舒适服务的幸福空间，而不仅仅只是躺下来休息的一张床。她幻想着，来到这里的旅客也能像她一样，静静地勾勒童年在爷爷奶奶家的美好记忆。就这样，丽江大研古城内一个小小的四合院激起了张蓓实现童年梦想的愿望，这是她所理解的"中国式幸福"，也是她喜欢的"充满人文情怀的小酒店"的雏形，而她又恰好有多年的酒店管理经验。于是花间堂诞生了。

"我"即原点

2010年春天，花间堂第一家分店——丽江植梦院正式营业。这家只有20间客房的小客栈所讲述的故事只关乎情怀——那种对于中国式幸福生活的憧憬和梦想。

张蓓做花间堂的一大原则是"把自己喜欢的东西放进去""让自己觉得舒服",因而花间堂的原点人群正是像她自己一样的活跃商务人士。这个群体有生活品位,追求过程享受与心灵满足,喜欢寻求个性化、有特色、唯美、优雅的休闲度假体验。花间堂的设计理念由此诞生:这是我们的家;这是从花丛中"长"出来的房子;这里有精致而舒适的居住条件;在这里孤独是用来享受的,快乐是可以分享的;这里的每个院子都是我们梦想中的家,卧室、书房、影视厅、厨房、洗衣房、瑜伽房……一个家的所有配置,都可以在这里找到对应的空间。

在花间堂的庭院里,鲜花四季不断。童年记忆里的葡萄架在花丛中蔓延,天井、露台随处可见,即便是楼梯转角,也有平台可停留观景。在观景处,或有花鸟鱼虫,或有精致摆件,再加上摇椅、秋千、藤沙发和每日午后的应季水果与免费茶点,客人可以随时随地坐下来,喝茶、读书、逗猫、喂狗,或者只是晒晒太阳,发发呆。在花间堂,顾客能享受到朋友一般的热情款待。到店前,有天气、饮食、路线等衣食住行信息的全方位提醒和免费接机,入住后有各种贴近当地生活特色的主题活动(如红酒品鉴、插花讲座、昆曲欣赏等)和全方位的精致服务,离店后还有持续不断的网上互动和社群参与。顾客从遇见花间堂的那一刻起,即开始了"美与欢乐的体验",可以说,花间堂不仅是在为顾客建造一个"自己的家",更是在为顾客创造一种"属于自己的幸福生活"。

2012年,花间堂开始走出丽江,进行花间堂模式的异地复制,先后在束河、香格里拉、周庄、苏州、杭州、阆中、无锡、同里、西双版纳、浙江南浔古镇等多个旅游目的地建立分店,将高端精品酒店的服务理念与地方民居、民俗等人文特色完美融合,迅速成长为国内民宿领域一块响亮的牌子。花间堂也从民宿升级为平台,与地方政府合作,致力于"让老宅重获新生"并讲述独特、打动人心的故事。比如,花间堂听荷院是1949年以前丽江最后一任老县长的宅院,院子呈现过程中会同步讲述老县长的故事;编织人家曾是丽江赫赫有名的马帮首领"马锅头"的宅院,在丽江古城100所重点保护民居中排名第二;问云山庄是木府花园的一部分,被称为"小木府";周庄花间堂则由昆山市文物保护建筑、周庄富商戴氏三兄弟的老宅改建而成；苏州花间堂探花府是清朝军机大臣、收藏大家潘祖荫的故居。民宿生意在花间堂这里做成了一种文化保护事业。

乘兴而来，尽兴而返

除了民宿产品的打造和运营，花间堂也确定了新的发展重点——村落产品。花间堂的度假村落与设有10家店的丽江古城如出一辙，房屋形态仍然是一个个四合院。不同的是，在花间堂的度假村落里没有其他人家。杭州西溪花间堂是花间堂的第一个度假村落，占地49亩⊖，有66个房间，村落中有餐厅、SPA馆、商店、茶吧、影院、室内外儿童游乐区域等配套设施，既有花间堂的自主品牌，也有合作品牌。花间堂的村落产品要打造的是吃住行游购娱一体（one-stop shop）的目的地酒店。几年时间，花间堂先后打造了以万亩茶园为中心的松阳花间堂、以温泉文化为主题的阳山花间堂、以禅文化为主题的长兴花间堂等。

⊖　1亩≈666.7平方米。

然而，就是这样前景可期的花间堂，2016年却面临着资金链行将断裂的考验。花间堂生逢其时，却也生不逢时。经过6年的发展，花间堂大胆地开启了轻资产运营模式，对加盟商提供品牌和管理输出，成功签约多个项目。不料，中国市场瞬息万变。一方面，国家鼓励发展乡村旅游，休闲度假市场一哄而起，市场供给急剧增长。2015年前后，在旅游资源丰富的地区，民宿数量更是几何式增长。数据显示，截至2015年12月，仅西湖景区内的民宿就已经达到165家，比2010年6月翻了3倍多。另一方面，国家整体经济下行，度假市场需求在此时开始出现明显下滑。面对整体市场行情的不利影响，花间堂也未能避免内部创始团队和投资基金之间的矛盾。

"2015年时有了一些困惑。过去仿佛是一整个荒山上，只有你家是亮灯的，但慢慢变成了这样一座群星璀璨的山，你家还是亮着灯泡，就会有危机感。"张蓓说。

而彼时，恰逢"青普人文度假旅游"（以下简称"青普"）风险投机机构寻求入局。青普刚创建两年，创始人是中国风险投资界知名人物王功权。在收购花间堂之前，青普刚刚获得 2 亿元 A 轮融资。2017年 3 月，青普宣布与花间堂正式完成股权层面融合，成为花间堂的最大股东，持有 61.3% 的股份，花间堂创始人兼 CEO 张蓓则宣布离职。然而，仅过去不到一年半，青普就急着把这一"香饽饽"卖出变现。2018 年 8 月，华住集团宣布以近 4.63 亿元收购青普和同程旅游合计持有的花间堂 71.2% 的股权，收购后华住集团合计持有花间堂 82.5% 的股权，成为第一大股东。⊖ 至此，花间堂成为全球酒店行业市值排名前五的华住集团旗下的品牌。

正如张蓓在"张蓓的美学信仰"微信公众号文章中所说，"我是幸福地完成了一件叫'花间堂'的事。乘兴而来，兴尽而返"。这不是结束，是一个新的开始。

西溪湿地的橄榄枝

花间堂出售以后，张蓓对于美与家的情怀仍未褪色。正好 2016 年杭州西溪湿地管委会找到她，希

⊖ 洪丽萍. 花间堂卖身华住一年后，王功权言说这桩买卖的真假内幕［Z/OL］.（2019-10-24）［2021-05-19］. http://www.lvjie.com.cn/investment/2019/1024/14418.html.

望能将西溪湿地公园中一片尚待开发的村落民居做成一个像花间堂那样的酒店。

西溪湿地公园位于杭州市西部，距西湖区 5 公里，占地面积约 11.5 平方公里，是国内唯一的集城市湿地、农耕湿地、文化湿地于一体的罕见湿地，也是全国首个湿地公园。园区约 70% 的面积为河港、池塘、湖漾、沼泽，六条河流纵横交汇、水道如巷、河汉如网，自古便有"一曲溪流一曲烟"的诗句。历史上，这里是文人墨客游历和隐居之地，拥有深厚的文化积淀。

西溪非常美，虽然村民已经搬出去十几年了，后续的一些经营业态却一直都没有建立起来。这主要是受到地理位置与形态的制约，项目所在地是湿地公园，建设有呈狭长形散落分布的民居建筑。从第一座房子直接走到最后一座房子约需 40 分钟，长时间以来都未能通过一个统一的主题串联起来，导致转化率非常低。虽然每年来旅游的人有 400 万，但是进来以后几乎没有消费。

西溪湿地公园狭长的地理条件导致旅客除了走路只能坐船来往，电瓶车、自行车、平衡车都不方便。这个项目里一共有27座桥，有拱桥也有折桥，而且每一个建筑群原来是一个小自然村，相互之间距离比较远，这样的构造对建造、运营、盈利的挑战都非常大。但是项目在杭州西溪湿地，天然具有吸引人流的能力。这样一个得天独厚的地方，如果做得好便具有天然的核心竞争优势，但按照以前做封闭型度假村的路子是行不通的，投入跟产出很难平衡。

由此就放弃的话，对张蓓来说太过可惜。在精品酒店行业浸淫十余年，她深知杭州西溪湿地对于度假行业得天独厚的优越条件和稀缺性，"做了花间堂这么多年，看了这么多地方，如果还有哪里是不可再生、不可复制的话，那就是这里了"。就是在这样的情况下，依托前期杭州西溪花间堂的运营经验，2018年9月，十里芳菲这一新项目开始上线。

场景化需求

将400万西溪客群作为分析的突破口，十里芳菲设计了四条不同风格、满足不同客群需求的产品线。第一条线针对要来十里芳菲住宿的客人；第二条线针对西溪湿地原有的自然游客流量；第三条线针对即兴主题度假休闲人群；第四条线针对为西溪湿地的水域及自然村落的美感而来的人群，比如水上婚礼产品就是针对长三角区域的婚礼人群。四条产品线的辐射人群范围也各不相同。婚礼线产品主要针对浙江、上海一带的客群，有举办高品质特色婚礼的需求；游客产品线主要针对西溪湿地游客，数量较为固定，提供餐饮、消费等服务；住宿客人与活动需求客群的辐射范围较广，针对全国范围的B（business）端客户提供社群服务，例如商学院、高端社群、创业企业。

十里芳菲充分考虑了这四类人群的差异化需求，高住宿率不再是终极目标。"这里是一个更大的容器，它的产品线更丰富，我们希望构建不同的场景，让这个人在不同的场景下一来再来"，张蓓说。如果说花间堂的客人是在不同城市（比如丽江、苏州、无锡）去"打卡"花间堂，那么十里芳菲的客人可能会因为不同的需求反复前来。与花间堂相同的是，十里芳菲主客群的定位没有发生变化——活跃的商务人士，而这些人既是团队的领导者，也是商学院的学生，是社群的参与者，也是丈夫或妻子、父亲或母亲。"他可能会因为参加一个朋友的婚礼而来，可能是因为一堂课而来，也可能再想带着家人前来，甚至把董事会带来。"换言之，十里芳菲是在为同一群人构建不同的场景。相比传统酒店以客房收入为主的盈利模式，十里芳菲的收入会因四条产品线而变得更为多元化。

> STP理论是菲利浦·科特勒（Philip Kotler）最为推崇的理论，STP分别代表市场细分（segmentation）、目标市场（targeting）和市场定位（positioning）。企业在生产经营过程中，首先要考虑的是自己如何划分细分市场，自己的产品和服务所针对的目标市场是什么？了解清楚了目标市场的情况，再来考虑如何规划或调整自己的产品和服务定位。

即兴的智慧

2016年以来，随着旅游行业成为风口，各路资源涌入，精品酒店行业的同质化竞争愈发激烈，这对产品的差异化提出了新的挑战。"我们之前的产品只是讲泛文化，产品的文化属性成了标配，那样的文化目的是把客人分层。现在再做文化分层颗粒度就太大了，需要更细分，就是要用独特的价值主张对人群进行分类，这个价值主张能够聚拢有同样信仰的人，并围绕这个价值主张，共同产生新的内容，这就是即兴的智慧，它是一个积极入世的生活哲学"，张蓓说。㊀

在张蓓的构思中，十里芳菲拥有的是一种类似世外桃源的特别属性，类似安房直子的《遥远的野玫瑰村》里描写的村子，有魔法、有能量。"那时候我的书包里经常背着的一本书叫《即兴的智慧》，就是教你对生活、对自己、对伙伴说'Yes、and'。有时候一个想法，通过大家不断地去叠加，就会变成一个好的主意甚至伟大的创想。这种力量让你愿意成为更好的自己。"因此，十里芳菲在打造景区的四条主要产品线时，遵照的是一个核心的准则。"当我们做一个产品时，最有力量的内容是它的文化母体。十里芳菲的文化母体就是人的美愿成真，用即兴的智慧去激活，从而提升自我。不是商人的唯物主义，而是要以

㊀ 新旅界商学院. 花间堂、十里芳菲创始人张蓓：新旅游重构产品与用户的关系 [Z/OL].（2018-10-04）[2021-05-23]. http://www.yidianzixun.com/article/0KC5HrOR.

人为中心。"

围绕这种"即兴的智慧",十里芳菲形成了一个集"美食、美宿、美力、美愿、美物"为一体的休闲度假集群,并通过"玫瑰币"构建了一个持续互动的客户关系社群,将低频的度假连接变成高频消费。美食是指湿地公园内村民食堂、石榴屋、猫爷茶、甜心小屋、花神咖啡馆等多样化、品质化的咖啡、甜品、饮料等;美宿是指十里芳菲推出的具有清新自然日式风格的"芳扉合院";美力来自以"即兴"主题汇集的各类线下活动(包括即兴学研究中心举办的即兴戏剧、音乐、舞蹈、演讲等);美愿出自十里芳菲保留的一处具有鲜明当地信仰特色的花神庙;美物则来源于十里芳菲设立的"美物制造局"。美物用美的力量为物品赋能,美食让吃有了一种仪式感,美宿让我们和大自然同睡同起,美力让美作为一种力量以不同形态走进附近的居民,美愿则让我们成为更好的自己。

在十里芳菲,玫瑰币不仅是一种会员积分,更是一种带有明显生态系统属性的"交易货币"。十里芳菲设计的小程序里会有一些小游戏和小任务,用户通过做任务可以获得相应的十里芳菲玫瑰币,这些玫瑰币可以在西溪十里芳菲的项目里买食物、住酒店等。如果用户在线下用现金购买客房或餐饮服务，他们仍然可以获得玫瑰币奖励，并会存放到电子钱包里。这就会让用户与十里芳菲产生更牢的连接，以后这些积分也可以在十里芳菲的其他项目或者是愿意打通合作的项目里去兑换。作为十里芳菲留下的一个同业联盟和异业合作的端口，玫瑰币为开发更多度假服务创造了可能性。图1-1展示了十里芳菲的虚拟货币消费连接框架。

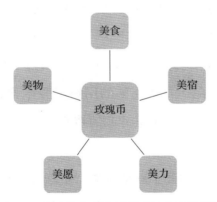

图1-1 十里芳菲的虚拟货币消费连接框架

休闲度假内容平台

为了平衡狭长地形造成的高昂建设、运营成本，十里芳菲不再像花间堂一样定位为精品酒店或是民宿，它更像是一个围绕着核心价值主张的内容平台。针对住宿、旅游、休闲度假和婚礼四类客户群体，十里芳菲联合其他品牌一起，不仅提供兼具外在美景与内部高品质配置的酒店，还创造了吃喝玩乐住与成长的一站式目的地休闲度假体验。"我们更像一个互联网公司，或者说我们更像一个活动公司，是在做新内容、新服务、新空间"，张蓓说。

十里芳菲的战略意图是要通过内容、服务和游戏构建"决策—购买—分享"的体验闭环，为用户度假行前、行中、行后匹配相应的内容产品、场景产品、服务产品，打造完整的用户度假体验商业闭环。在这一模式之下，十里芳菲的核心竞争力就在于持续不断地创造体验式服务的能力，而不再是简单的民宿产品运营。它需要不断地制造"更细分、更切片"的场景，让同一个人因为不同的事情、不同的场景一来再来。因此，十里芳菲的营收逻辑体现在"因活动而生""因住宿而生""因路过而生"这三个不同的到访目的上，收入的边界也会因为新场景的产生而不断拓宽。

这也正是十里芳菲最大的创新之处，它走出了一条完全不同于传统酒店行业的发展道路。然而，对于十里芳菲来说，要成就所谓的"用户度假体验商业闭环"并非一件容易的事情。它不仅要应对来自同行业的挑战，更要时刻谨防互联网公司的跨界冲击。在传统度假行当里，十里芳菲的想法确实非常超前。但是跟互联网企业比起来，十里芳菲着实是"小巫见大巫"。那么，未来十里芳菲是否还能像花间堂颠覆精品酒店行业那样，在旅游度假市场再度掀起波澜呢？

02
第 2 章

确认体验的主题
留下关于品牌的独特记忆

环顾四周，定位细分群体的个性化品牌在美妆、服饰、家居、健康等众多领域如雨后春笋般层出不穷，一个大牌通吃整个市场的时代已经过去——毕竟，一个品牌的受众越是广泛，对细分人群的匹配度就越低，更别提体验感了。体验经济下的品牌，需要对目标客户群体的特征和需求进行精确的研判和设计，伴随着消费者价格敏感度的下降，价值的核心变成"懂你""专业"。

只有明确了你的消费者是谁，才能确定接下来要为他们提供什么体验以及如何提供。派恩和吉尔摩认为，制定明确的主题可以说是经营体验的第一步⊖。如果缺乏明确的主题，消费者就抓不到主轴，就不能整合所有感受到的体验，也就无法留下长久的记忆。美国哲学家和美学家杜威（John Dewey）认为，体验应当是整体的，在主题的统领下，将各种要素综合起来。

以集丝坊为例，集丝坊从产品体验做到空间体验，创始人曹杰运用自己在面料触觉和审美视觉上积累的知识与经验，传递出非常明确的主题，即"自然、品质、适度和情感"。在其打造的一个独特的商业空间内，围绕商品属性和特质，一系列一致化设计元素的组合为消费者留下了区别于其他品牌、空间的独特记忆。

⊖ 派恩，吉尔摩. 体验经济 [M]. 毕崇毅，译. 北京：机械工业出版社，2016.

第 2 章 确认体验的主题：留下关于品牌的独特记忆

内容提要

集丝坊原本是一家技术型、创新型的服装面料贸易企业，致力于将最自然的高品质面料带到人们的生活中。2018 年开始，凭借其在高端面料设计领域的核心竞争力，集丝坊开启了面向未来生活方式的"时尚空间"，并成为上海"大隐于市"的"网红店"。通过阅读这一案例，你将重点了解如下内容：

1. 集丝坊的核心价值观和企业使命。
2. 在纺织行业的同质化竞争中，集丝坊保持"小而美"的策略和原则。
3. 集丝坊打造时尚集合店的战略逻辑。

据瑞士信贷研究所发布的《全球财富报告》，2000年以来中国家庭财富增长了17.2倍，增速超过多数其他国家的3倍，相当于美国从1970年开始32年的增长水平；截至2019年，中国百万富翁人数达到440万，中国在"全球富裕人口"数量上也首次超越美国，全球个人净资产最富裕的10%人口超过1亿人。㊀而在全球11亿中产阶级中，目前中国占比逼近40%，达4.8亿人。家庭财富增长和中产阶级崛起蕴含着一个即将爆发的增量市场，中国市场的消费结构也将迎来较大变化。对于已经具备一定财务基础的家庭来说，他们对消费的关注点不再仅仅满足于基本的生存需要，而是更加遵从内心的选择，向着品质、理性和舒适等方向转变。在这样的背景之下，能够给他们带来独特价值体验的产品和企业往往更可能获得他们的青睐。

集丝坊就是这样一家企业，过去它或许并不为我们所知晓。按照纯粹的商业标准，成立于2005年的服装面料企业集丝坊依然算是"小字辈"。截至

㊀ 瑞士信贷研究所. 2019年全球财富报告［Z/OL］.（2019-10-31）［2021-05-25］. http://www.199it.com/archives/955982.html.

2018年，集丝坊员工人数也不过20人，年销售额约为6000万元。相对于我国动辄万亿规模的纺织行业来说，集丝坊渺小的市场规模甚至可以完全忽略不计。然而，在国内面料行业，无人敢小觑这家企业，甚至将其视为高端面料趋势的风向标。它的客户包括无印良品、ZUCZUG、Marisfrolg、Eileen Fisher、Margaret Howell等诸多国际知名品牌。2013年，集丝坊凭借出色的设计，获得了面料行业顶尖展会——巴黎PV展（Première Vision，法国第一视觉品锐致尚博览会）的参展资格。有业内人士打过这样的比方：能跻身巴黎PV展，就相当于进入了奥运会田径男子100米的决赛。2017年春季PV展上，集丝坊设计的数款面料名列前茅。

　　凭借在服装面料行业积累的声誉和经验，集丝坊完全能够在激烈的市场竞争中赢得一席之地，乃至获得更具优势的行业地位。然而，考虑到不尽如人意的行业现状，集丝坊大胆地做出转型，朝着高端品质时尚生活空间迈进。从后台走向前台，从间接传递价值到直接传递价值，集丝坊希望以这一时尚空间作为突破口，创造一种面向未来的生活方式。那么,未来将是怎样一种生活方式?时尚空间又如何承载下一波品质消费潮流呢?在这一章,我们将深入探索这些问题,一起回味服装面料企业集丝坊的"时尚潮流梦"。

面料界的系统工程师

面料就是用来制作服装的材料,它不仅可以诠释服装的风格和特性,而且直接左右着服装色彩和造型的表现效果。染色、印花、涂层、烫金、提花、色织、绣花、压花压绉、植绒、拉毛磨毛……面料行业虽不比服装设计那般"高大上",但是面料生产、加工所需的各种工艺技巧也并不简单。"有些面料摸起来很滑,有的是原料本身滑,有的则像炒菜一样,加了很多油,工艺上也许不能避免,但不能油到腻……亚麻纤维的特点是有些粗糙,也许有人觉得刺痒,但实际上它是离开你身体的,很风凉,空气可以进去,是最有质感的面料……有的面料手感是柔柔的感觉,有的则是脆脆的感觉,像纸一样……"集丝坊创始人曹杰谈到不同面料的质地时说道。

　　作为服装三要素之一,面料也需要设计才能呈现出最好的质地和观感。但是,究竟什么是面料设计?行业中不同的人有不同的理解。国内一些专业院校对面料设计的理解偏重外形和图案,而曹杰认为,面料设计远不止于此。"真正的面料设计是从原料开始的,纱线用哪里的棉花,什么样的支数,什么样的捻度,组织和密度……都会带来手感的改变,还有染色、花型、后整理等,每一个环节都可以差异化。"比如,曹杰为集丝坊2018年春夏系列面料设计了三款针对年轻人的丝绵面料,为了减弱纯丝绸略显老气的垂感和过于贴身的特点,他找到了丝和棉的新组合方式,设法通过工艺使面料与身体保持距离,甚至可以水洗,以此希望丝绸这种并不太受当代年轻人欢迎的原料能够获得新生。

　　有人将曹杰的角色形容为"系统工程师"。很多时候,纺纱的人只懂纺纱,织布的人只懂织布,印染的人只懂印染,做服装的人只懂服装,而曹杰通晓每个环节。尽管未必精深,但一旦知晓了每个环节可以实现的变化,产生无限创意就有了基础。

在曹杰的思想中，看似平凡无奇的面料似乎瞬间变得活泼。然而，这样一位面料行业专家，却并非科班出身，1965年出生在上海的他与面料结缘亦属巧合。

20世纪80年代末90年代初，曹杰去日本学习语言，回国后恰逢外企在华投资热潮，因语言优势他被介绍到一家日企在华子公司（后并入日本最大钢铁公司新日铁住金）的纺织部门工作。从翻译、跟单做起，曹杰意外地发现，自己对服装面料很感兴趣。于是，在陪同公司人员寻找合作伙伴、投资工厂时，他便开始留意机器、工艺、助剂等种种细节。付出加上天赋，曹杰一路做到公司服装部门与面料部门的部长，最后被提拔为助理总经理。在他之前，公司内从没有中国人能做到如此高的职位。但由于不适应公司大幅度的战略调整和频繁的人事变动，2005年曹杰离开了工作12年的地方，创办了集丝坊。

按曹杰的想法，"集"象征行业信息的汇聚，也代表他希望集丝坊的上游供应商、下游客户以及员工拥有一致的价值观；"丝"取自丝绸，丝绸的纤维最细，意指最好的原料；"坊"则是弱化对规模的强调。就这样,小而美的集丝坊在一套 160 平方米的房子里起步了。

做品质面料

面料行业又被称为"纺织行业"。总体上起步于 19 世纪 80 年代的中国近代纺织工业,是新中国成立之前最大的一个工业部门,也是近现代中国很长时期内传统的支柱性产业。新中国成立以来,我国纺织行业经历了建设初期的艰难岁月,并在不断调整中稳步发展。到 2020 年,我国纺织行业市场规模占比已超全球 50%,化纤产量占世界 70%,贸易占全球 1/3。[一]不论是从规模还是产业链上来说,我国现在都是当之无愧的纺织工业大国和强国。正因为如此,我国也聚集着大量的纺织企业。据统计,2020 年中国纺织行业企业数量为 18 344 个,主要集中在浙江、江苏、山东和广东等东部沿海省份。企业的高度分散在一定程度上助长了纺织行业产品的同质化竞争。

[一] 中研网. 我国纺织强国目标基本实现 2020 年纺织业规模占比已超全球 50%[Z/OL].(2021-01-08)[2021-05-25]. https://www.chinairn.com/hyzx/20210118/145719922.shtml.

同时，随着国内劳动力成本的大幅度增加和国内环保政策的层层加码，纺织企业的利润空间一再收缩。从 2012 年开始，中国纺织行业的毛利率总体呈明显下滑趋势，一度跌破 10%，行业发展变得越来越无利可图。由于劳动力成本优势和近些年不断改善的基础设施条件，东南亚国家开始承接其他国家部分低端制造产能，纺织品制造和出口贸易快速发展，纺织制造中心有向东南亚国家转移的趋势。如果还是按照传统纺织企业依靠规模优势取胜的竞争策略，集丝坊很难有进一步的发展。

为此，集丝坊为自己生产的面料设定了一个关键词——"品质"。"品"代表品位，集丝坊希望让全世界都知道中国有高水准的原创设计；"质"代表质量，集丝坊的面料用的都是棉、麻、丝、毛等品质上乘的天然纤维，仅此一点已与普通面料区别开来。通过这样一个战略定位，集丝坊希望在国内纺织市场激烈的市场竞争中走出一条差异化显著的道路。

好原料是好面料的基础，要想设计和生产出具有高端品质的面料，集丝坊必须找到稳定的优质原料供应商。以棉花为例，不同品种的棉花纤维有长有短，短的只有十几毫米,长的能达到四十多毫米,制成面料效果各不相同。印度洋海岛棉是全世界最精致的棉花品种之一,但是它几乎已全部被欧洲大牌所垄断。为了找到优质且差异化的原料,曹杰几乎每年都会带领他的团队去全球知名的原料产地寻访。他们发现法国诺曼底地区出产的亚麻为全世界最优,便设法找到了一家当地农场作为集丝坊的长期供应商,甚至专门为此建立了一个亚麻面料品牌"Freelax",名字是free(自由)、relax(放松)与flax(亚麻)的组合。

面料也时尚

除了原料,面料的设计同样重要。欧洲大牌服装用的原料虽好,但是大多数品牌所使用的面料个性不足,近些年更是有过度商业化的趋势,未必能代表全球文化的走向。而集丝坊要做的就是将最好的原料"皱掉",将原本拿来做正装的原料做出休闲感。在这样一种设计思路之下,集丝坊一年内直接设计的基础面料产品能够达到150～200款,考虑到集丝坊的人员规模,这在业内已经是一个很高的产出水准。

与行业中其他竞争对手不同，集丝坊从不过分追求产品的上新速度。从设计构想到最终推向市场，集丝坊一般要花费 60～90 天。正如曹杰所说，"面料生产周期是我们很弱的一个地方，但也是我们最有特色的地方。我们连纱线都是定制的，这与行业内很多企业只用现成坯布的做法大不相同"。为了设计和生产出最具个性化特点的面料，集丝坊选择整合国内最好的资源，而不是纯粹依赖外部加工。哪家工厂纱线做得好，哪家工厂的织机最合适，哪家工厂的染色好，哪家工厂的后整理好……集丝坊都要精心考察后加以挑选、组合。当然，前提是对方愿意配合改变工艺，否则最后组合生产出来的布料也没办法与其他品牌不一样。

集丝坊的这些独特做法很快引起了下游企业的注意。2008 年，集丝坊刚成立两年，美国知名品牌香蕉共和国（Banana Republic）就对集丝坊青睐有加，将集丝坊与日本、意大利的面料供应商同等看待，这对于一家中国面料供应商来说颇为难得。同时，集丝坊还被日本杂货品牌无印良品选为核心面料提供商之一，从不邀请国外企业参展的日本 Premium Textile Japan 连续三年邀请集丝坊参展。2013 年，集丝坊又获得了面料行业顶尖展会——法国巴黎 PV 展会的参展资格。在集丝坊之前,国内虽然也有 10 家左右面料企业获得过参展资格,但是它们基本都是国内大型毛料企业,少不了购买广告、找人包装,像集丝坊一样规模如此之小,仅凭面料本身品质被选中的企业是极少数。因此,参加这次展会对集丝坊来说,无疑是走向世界高端品质面料行业的一张入场券。

面料生产虽然说是传统行业,集丝坊却用做时尚产品的思路经营着这一最古老的行业。正如曹杰所说,"只有当它是时尚行业时,这个行业才有未来。如果只是纺织行业,那它就是个没救的行业"。

夹缝中的美

"将纺织当作时尚行业经营",听上去确实极美,现实的生存现状却极其残酷。与成衣相比,面料供应商与终端消费者距离较远,普遍受到下游品牌商挤压,在整个产业链中处于十分弱势的地位。尤其是在国内市场,前几十年靠外贸扩大的产能如今严重过剩,存活的面料工厂常常深陷低价竞争。2010 年,集丝坊通过战略合作伙伴华茂集团，投资了中瑞合资的安徽华茂织染有限公司，即便有大集团在背后支撑，经营仍非常困难。

更可悲的是，随着"快时尚"大行其道，时尚被商业利用，消费者认知被严重误导，面料同质化趋势加剧，追求独特设计的高端面料空间愈发逼仄，日本和意大利等全球多地的面料工厂在大量倒闭。以日本为例，差异化的面料在日本越来越没有市场。以往去日本总能发现许多新鲜的时尚元素，但是如今去当地考察，已没有太多新东西可以参考，这已经是全世界共同面临的问题。对此，曹杰非常感慨，"这个行业最大的问题就是不平等，产业链中的品牌商不尊重面料商，他不知道面料行业死掉，品牌商是没办法活的。没有人懂得这一点，很可怕"。

为了尽可能争取平等的话语权，集丝坊近乎固执地挑选着自己的客户，甚至不惜为此多次放弃订单。刚成立两三年的时候，集丝坊曾被意大利服装品牌 MaxMara 的负责人看中，被其视为国内最好的面料商，对方提出跟集丝坊签订战略合作协议。但是 MaxMara 给出的条件是货款在面料出口到意大利后的60天内付清，根据以往的行业惯例，一旦面料发出，品牌商很可能以各种理由推迟或拒绝付款。于是，集丝坊果断地拒绝了这一次合作。凭着对产品的自信，多年来集丝坊一直坚持一条硬原则——"带款提货"。集丝坊宁愿在面料出问题后为对方提供尽任何可能的售后服务，也不希望一开始就处于被动地位。在这一原则之下，集丝坊对上游供应商也极其尊重，甚至比对下游的客户更好，这让集丝坊赢得了行业内的尊重。

过去很长时间里，集丝坊绝大部分收入都来自国外市场。其中，日本市场占了60%，欧美市场占了5%，剩下的35%则来自国内市场。然而，随着国际贸易局势越发不明朗，集丝坊逐渐将自己的产品拉回国内市场，海外市场的业务比重逐渐降低。这也为集丝坊的发展带来了新的挑战。找到与集丝坊价值观相符、愿意为真正价值买单的企业经营者本身就难，且国内面料采购流程复杂，即便得到了企业一把手的认可，后面还有采购团队、生产下单团队、质量管理团队等重重"关卡"。另外，国内一些成衣制作商经常利用付款条件故意挑毛病，面料企业被"盘剥"是常有的事情。

即便如此,集丝坊依然坚守"只跟志同道合的人合作"的原则。在每年国内外的纺织行业展会上,集丝坊的人气都相当高,希望洽谈合作的潜在客户常多达数百家。然而,集丝坊表现得极为克制,每次都会仔细挑选相匹配的客户进行合作,试合作后还会有淘汰。正因如此,集丝坊的规模扩张一直相当缓慢。

时尚集合店

2018年,集丝坊已经进入创业的第13年。对于已经存续了

> 前向一体化就是企业沿产业链向下游的用户方向扩展,即企业在被动接受用户委托进行快件传递的现有业务经营的基础上,向服务的应用层拓展,通过收购、自建、联合等方式进军网络购物市场,或与有显著关联效应的出口导向型经贸企业和相关组织单位开展合作,根据市场需求,主动设计并向客户提供定制化、个性化的业务与延伸服务,以提高企业业务量并增加业务收入。创业13年的集丝坊面对快速变化的商业环境,选择前向一体化,自建消费品牌,将好的面料直接传递给消费者,从幕后走向台前。

100多年的中国纺织工业来说，13年确实还很短；但是与同时期成长的中国企业相比，集丝坊确实走得太慢了。在这样一个快速发展、瞬息万变的商业环境下，"慢"不仅意味着市场机会的流失，更意味着随时都有被替代的风险。"既然我们有好的面料，为什么不直接传递给好的消费者，让他们有机会去体验？品牌商要选价格，要纠结倍率，他们的眼光跟我们的也未必一样，那不如我们直接去呈现它，让这些消费者知道未来应该是这样的，或者有一部分是这样的……我觉得我们有义务做这件事情。"曹杰从幕后走向台前的思路逐渐形成。

　　集丝坊的新战略并不在于商业服装品牌，而在于通过服饰和其他纺织品的呈现，向消费者传达一种新的生活方式，打造一个高品质的时尚集合空间。这个空间也许在一条安静的街道，也许在稍远的近郊，或是沿着小河，自然地与建筑、产品融为一体。客人在这里可以只喝杯咖啡，也可以待上大半天听听音乐、发发呆，或是三五好友小聚一番，甚至办公、洽谈、留宿几日。在这个空间里，人们不仅能买到优质的产品，也可以体验到不一样的生活方式，放松身体、舒展灵魂,做自然真实的自己。

经过长达3年的市场调查、品牌策划和产品研发,2018年5月坐落于上海长宁上生·新所的集丝坊生活空间开始对外营业。这是一个老厂区改建而成的时尚创意园,里面分布着不同时期独具特色的历史文化建筑和旧工业厂房,西班牙传教士风格的哥伦比亚乡村俱乐部、建筑大师邬达克设计的孙科别墅都坐落其中。这个占据一层的时尚生活空间不仅汇集着集丝坊的自有品牌(如迟集),还集合了一大批国外设计师品牌,如Margaret Howell、Toogood、péro和CASEY CASEY等,产品类别涵盖服饰、家居、玩具以及其他精致生活物件。

集丝坊生活空间内展出的大部分产品都是小批量甚至独一无二的单品,更重要的是,设计师在创作时,会将他们对于美、对于生活的理解融入作品之中。可以说,这些产品已经不只是纯粹意义上的商品,更像是具有收藏价值的艺术品,这只有在使用或穿着时,才能感受得到。因此,集丝坊生活空间大多数产品的价格都比较高,一件全棉针织衬衣的价格大多在1800元左右,纯手工编织的儿童玩具也普遍在

1000元以上。

为了让更多消费者都能享受到集丝坊所倡导的自然生活方式，集丝坊基于对面料触感和视觉10多年的研究，推出了性价比更高的日常生活品牌"段落paragraph"。通过这个新品牌，集丝坊希望为当下人们的日常生活，提供价格合理且优质的基础服装，让衣服回归"衣"的本质。

自然是"皱"的

开业仅一年多，集丝坊所在的上生·新所早已变成了网红地标，每天都会有大规模的人群聚集，尤其是周末和节假日，单日的平均进店客流达到了两三百人。从窗外看去，集丝坊贴着的"自然是皱的"标语格外显眼，其中"皱"字被放大了好几倍，还贴着一系列小"皱"字，起起伏伏。不少网友留言，"炎炎夏日推门而入的一刹那间，所见、所抚无不流露着自然的气息""集丝坊是大隐于世的自然选物好店"。没错，这正是集丝坊生活空间所要传达的价值观——"自然、品质、适度和情感"。

正如日本畅销书作者本田直之在《少即是多：北欧自由生活意见》中所说，"我们并不是在购买商品，而是在通过购买商品来购买幸福"。尽管现在集丝坊的时尚集合店看起来仍旧是相当小众的，大多数顾客来到这里也仅仅只是拍拍照，真正能够欣赏到其中的生活美学和自然奥妙的终究还是少数，但是随着人们审美品位和生活水平的进一步提高，一定会有越来越多的人懂得平的面料未必漂亮、皱的面料也很有味道，会有越来越多的人知道有光泽的面料未必高级、亚光甚至无光的面料更有个性，也会有越来越多的人欣赏天然面料的美好……也许这一过程非常缓慢，但当那一天终于到来时，我们至少还能知道"集丝坊就在那里，那就是我们梦想的生活"。

03
第 3 章

美的溢价
打造体验的个性与调性

消费除了购买商品的实际功能外,更强调附加价值或消费商品过程中带来的愉悦——有了欲望才会消费。而引起欲望最好的武器便是"美"。在经济学中,美学是消费者主观体验后所产生的感受,没有一定的评判标准。不过,客观的美学来自产品本身,比如,物体的材质、元素、颜色、质料、线条。不过,美的感受更来自消费者自己的主观感受、评估和判断。

伴随 Z 世代逐渐成为消费主力,相比过往的消费者,这是一群追求独特、追求个性、向往调性品牌的消费者。花西子的定位,正符合这群消费者的需求。在其他品牌主打快时尚、基建、潮牌、轻奢时,花西子凭借自己独有的国风典雅调性拔得头筹。在整体审美体验和功能体验上,花西子做到了表里如一的统一性:在品牌供销上,"以花养妆、妆养合一";在品牌情感上,借力东方美学荣誉感;在产品开发上,使用中国古方、中草药提取物;在品牌建设方面,从代言、跨界、礼盒、单品、节日、周边都在展示东方美学主题……一气呵成,为 Z 世代消费者提供具有审美的、独特的整体体验。

内容提要

作为国货崛起的典型代表,花西子近些年可谓是备受市场欢迎。2021 年,创立仅 4 年,花西子已经成为年销售额突破 30 亿元,并且产品远销海外的头部国产彩妆品牌。通过阅读这一案例，你将重点了解如下内容：

1. 我国彩妆市场的发展概况。
2. 花西子的战略定位和品牌策略。
3. 花西子借助网红、直播、社群营销等数字化营销方式实现快速增长的策略。

2020年6月29日,拥有天籁之音的歌手周深的新歌《花西子》上线QQ音乐。音乐MV古朴纯真、意境优雅,将西子湖畔"苏堤春晓、残雪断桥、雷峰夕照"的唯美景象尽收眼底。听着"琴音缥缈",我们似乎也能远远地看到一位名为"西子"的东方美女,她泛舟西湖,"遍寻百花入药,以花养妆",不论淡妆还是浓抹都不改她的妩媚动人。余音袅袅间,许多听友似乎已经忘记,花西子不仅是一首歌,也是一个品牌。

没错,这就是东方之美的神奇魅力,你说不出它哪里好,却让你魂牵梦萦,飘飘然陶醉其中。也许许多听友也不知道,令人陶醉的究竟是这首歌,还是这首歌背后的主角——花西子。

这一国产彩妆界的新锐品牌,在化妆品市场近乎白热化的竞争环境下显得格外耀眼。一句"东方彩妆,以花养妆",花西子以其独特的品牌定位,深深地打下了东方彩妆的烙印;而一句"民族美就是世界美",花西子凭借其强大的文化自信,正在向全世界展示独具魅力的"China Beauty"。如果说一个成功的品牌定位源自俘获消费者的芳心,花西子着实将品牌定位发挥到了极致。正因为如此,自 2017 年成立以来,花西子一路突围,2019 年销售额达到 10 亿元,2020 年更是突破了 30 亿元,走出了一条近乎垂直的增长曲线。[○]

作为一个初生的品牌,花西子是如何搭乘"国潮"之风的?又是如何快速塑造品牌的呢?在这一章中,我们将着眼于战略定位的视角,深入剖析花西子背后的成功密码。

彩妆新赛道

古人云,"爱美之心,人皆有之"。随着我国经济的高速增长,人们对美的追求不断提升,"颜值经济"大行其道。化妆品作为满足消费群体追求"颜值"的刚需产品,顺势成为当下的主流消费品。据国家统计局数据,2020 年我国化妆品市场零售总额已达 3400 亿元(见图 3-1),已经是仅次于美国的第二大化妆品市场。但是,我国人均化妆品支出还不及美国的一半,

---

○ 三联生活周刊. 专访花西子创始人花满天:植根民族文化,志在百年品牌 [Z/OL].(2021-03-20)[2021-03-23]. https://mp.weixin. qq.com/s/iVY9oQTMkT6gSkZng87BmA.

因而市场增长前景依然非常可观。

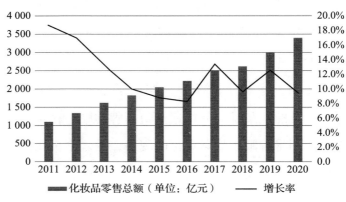

图 3-1　2011～2020 年中国化妆品零售总额及增长情况
资料来源：国家统计局。

化妆品市场主要包括护肤品和彩妆产品。长期以来，护肤品是整体化妆品市场的主导产品。然而，从 2007 年以来，由于一二线市场基本饱和，而下沉市场开拓速度较慢，我国护肤品市场增长开始遭遇瓶颈，增速逐年放缓，市场增长率从巅峰时期的 20% 跌落到 5.5%。随着电商平台的发展，特别是各大电商平台发力下沉市场，2016 年以来我国护肤品市场增速有所回升，但是护肤品市场明显没有彩妆产品市场增长快。截至 2019 年底，我国彩妆产品市场规模已经突破 550 亿元，年增速达 27.4%，而护肤品市场增速只有 14.7%。

彩妆产品市场的火爆吸引了一大批新锐品牌入局，国产彩妆品牌逐渐打破了外资品牌的垄断局面。据国际市场研究机构Euromonitor的统计数据（见图3-2），2017年以来，完美日记、卡姿兰、稚优泉和玛丽黛佳等国产彩妆品牌不断抢占国际品牌市场，2019年它们的总市场份额已经超过10%。特别是在电商渠道，国产彩妆产品销售异常火爆。在各大电商促销大战中，国产彩妆品牌频繁创造佳绩，大有追赶国际大牌之势。2020年天猫双十一美妆类目Top30榜单，完美日记、花西子、自然堂、珀莱雅等国产彩妆品牌入围，完美日记、花西子和珂拉琪（colorkey）等挤进新品牌热卖榜。可以说，在如今的中国彩妆产品市场，欧美、日韩等国际品牌已经不再占据绝对竞争优势，一个国产品牌崛起的时代正在到来。

"国潮 + 彩妆"

一个国家经济的崛起必然伴随着文化上的自我觉醒，以本土意识为特征的消费复古主义将超越外来文化。40多年前，日本经济实现腾飞，个人和社会

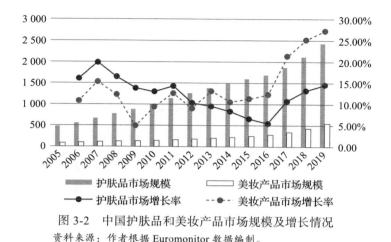

图 3-2 中国护肤品和美妆产品市场规模及增长情况
资料来源：作者根据 Euromonitor 数据编制。

意识也发生了显著变化，从崇尚欧美到更多追求日本意识、地方意识。"日系"生活的简约取代了欧美消费文化的浮夸、"大即是好"，成为日本社会新的时尚潮流。而今，这样一场消费观念变革正在中国发生，相同的场景似乎又开始在中国上演。

这便是中国的"国潮运动"。随着我国综合国力的大幅度提升，越来越多的"90后"和Z世代年轻人选择将"国潮"作为表达自我的新方式。为了迎合这种消费新趋势，越来越多的国潮品牌诞生，它们大胆地突破行业边界，寻求跨界、大胆的新玩法。据第一财经商业数据中心（CBNData）统计，国潮品牌的渗透率已经从2017年的25%提升到2019年的38%，"国潮+"俨然成为攻克年轻消费群体的"一剂良方"。⊖ 花西子正是赶上了这一股"国潮风"，让"东方美学"成为国货彩妆的审美依据和卖点。

正如定位理论先驱杰克·特劳特（Jack Trout）和艾·里斯（Al Ries）所说，"定位的基本方法，不是去创造某种新的、不同的事物，而是去操控消费者心智中已经存在的认知，去重组已经存在的关联认知"⊜。花西子

> 价值主张是指对客户来说什么是有意义的，即对客户真实需求的深入描述，企业要将自己核心认同的价值观有效地传达给消费者，一切传播和营销活动需围绕价值主张，以达到市场消费诉求的兴奋点。广告大师詹姆斯·韦伯·扬（James Webb Young）认为，价值主张需根据以下三个原则：第一，提出的主张必须是真实、可信的；第二，提出的主张必须是其他产品没有的；第三，提出的主张必须是具有销售力的。

⊖ CBNData. 2019中国潮流消费发展白皮书［Z/OL］.［2021-03-23］. https://www.cbndata.com/report/1852/detail?isReading=report&page=1.

⊜ 里斯，特劳特. 定位：有史以来对美国营销影响最大的观念［M］. 谢伟山，苑爱东，译. 北京：机械工业出版社，2011.

的成功不仅在于洞察到了消费观念的变化，更在于利用现代科技将消费者认知和我国的传统文化元素实现了完美融合，创造了一个新的彩妆品类，花西子将其命名为"东方彩妆"。对于消费者来说，他们感兴趣的往往是品类，而不是品牌。因此，我们可以认为，"东方彩妆"背后的强大力量才是花西子迅速发展的关键。

在我国，东方彩妆具有悠久的历史。屈原早在《楚辞·大招》中就曾写道，"粉白黛黑，施芳泽只"。"粉白"就是在脸上擦粉，让脸色看起来更白，"黛黑"指的是画上淡淡的眉毛。南北朝时期的民歌《木兰辞》也写道，"阿姊闻妹来，当户理红妆"。而在唐朝，唐人所著《妆台记》还记载了周文王敷粉饰面的美容行为。这说明至少在两周时期，化妆的技术就已经在我国开始发展，粉底、眉笔、腮红等各类美颜产品已经出现，而且化妆也不仅限于女性。唐朝以后，各种化妆术吸收了各种异域风情的色彩，因而更加开放化和多样化。但是在相当长的时间内，国内彩妆产品要么自给自足，要么小作坊式生产，还无法实现真正意义上的产业化和规模化。

在清朝末年，我国民族彩妆品牌曾经有过短暂的发展。谢馥春算得上是中国第一家化妆品企业，也是第一个国产彩妆品牌。这个创建于清道光年间的化妆品企业以制造形似鸭蛋的香粉（俗称"鸭蛋粉"）而闻名，曾是清廷的御用品供应商。据其官网介绍，1915年谢馥春还与茅台一道，一举斩获巴拿马万国博览会的国际银质奖，成为当时中国化妆品第一品牌。另外，清同治年间，以"鹅蛋粉"久负盛名的孔凤春诞生，同样也作为"皇家贡品"，到民国年间依然占有极高的市场占有率。然而，由于战火冲击，包括谢馥春和孔凤春在内的民族彩妆品牌几乎无一例外都走向了衰落，国内彩妆工业体系几乎全面坍塌。

然而，作为一种文化遗产，许多美容养颜古方在许多文献古籍中保存了下来。花西子创始团队花了一年多时间，查阅了从《神农本草经》到《御香缥缈录》的大量历史文献和古籍，努力从传承千年的古方中寻找灵感。正是由于花西子在产品创新中融入了更多传统文化的元素，这一新生的品牌才带有更强的文创色彩，发展才更具张力。正如花西子创始人花满天所说："我们的终极目标是成为中国优秀的文化品牌，打造出独具一格的'花西子风'"。这种"花西子风"满满地体现在花西子的品牌定位上,成为它的独特竞争优势。

花西子的品牌定位是"东方彩妆,以花养妆"。品牌名"花西子"中的"花"即代指"以花养妆","西子"则取自"欲把西湖比西子,淡妆浓抹总相宜"的意象,为此花西子特地将品牌注册地定在西子湖畔的杭州城。花西子的英文名为"Florasis",即"Flora"+"Sis",意为"花神",寓意使用花西子产品的女性会和荷花花神西施一样动人美丽。花西子的这一定位既融合了消费者熟悉的意境和喜爱的国潮元素,又将传统文化和现代时尚完美结合在一起,在这股"国潮热"之下显得极具吸引力。

古风印象

有了清晰的品牌定位,还必须要有市场认可的产品。如今的彩妆市场,虽然发展前景明朗,但也早已是大牌云集的红海市场。如果没有站得住脚跟的产品做后盾,品牌随时都有被替代的风险。花西子之所以能够在彩妆市场激烈的竞争中脱颖而出,而且热度不减,很大一部分原因也在于其与品牌相称的独特产品定位。

由于国内彩妆产业起步较晚,中国的彩妆市场很长一段时间都是被海外品牌占据,而国产彩妆产品往往被贴上"山寨""过时"的标签,不被消费者认可。因此,从产品上打破消费者的认知偏见并不是一件容易的事情。完美日记选择的是"大牌同厂、大牌平替"的产品战略,把生产任务交给科丝美诗、莹特丽等赫赫有名的代工厂完成,这些代工厂服务着巴黎欧莱雅、雅诗兰黛、兰蔻、迪奥等头部品牌。同样一条生产线上的产品,完美日记的产品价格只有国际大牌的50%左右。这种"大牌平替"的策略成功地引爆了消费市场。但是,高性价比往往导致产品千篇一律,这种同质化竞争更损害了国产品牌的整体声誉;同时,过度依赖低端市场也遭市场诟病。

就在国产彩妆品牌纷纷打出"平价""高性价比"招牌的时候,花西子与众不同,走出了国产彩妆突围的另一条道路。简而言之,花西子采取得更多的是功能和形象差异化的产品定位策略。从东方文化、东方美学中汲取灵感,是花西子独特的产品创新理念,贯穿在产品设计的每一个环节中。从产品的配方和名称，到包装设计甚至口红色号，花西子都与东方文化一脉相承，展现着浓烈的中国古典风。产品设计中无处不在的古典元素，代表着"90后"和Z世代年轻人所追求的新时尚潮流，也塑造着花西子独特的品牌标识和印记。

在配方上，花西子坚持选取花卉精华或中草药成分，践行其"以花养妆"的品牌定位。比如，花西子最畅销的产品——玉女桃花轻蜜粉取用茉莉花、桃花、白及、山茶花精华，首乌眉笔则由忍冬花和何首乌精华制作而成。花西子还承诺，所有产品都不含香精、酒精等成分，孕妇也可以放心使用。在外观设计上，花西子更是大胆创新，将中国古典的文化元素展现得淋漓尽致。比如，花西子的雕花口红复刻了东方传承千年的浮雕和微雕两种技法，结合现代工艺，将精细纹理雕刻在口红膏体上。更值得一提的是，花西子的每一件产品都会附上一个历史文化典故，使得产品更富有文化气息。可以说，花西子的每一件产品，既是一件化妆品，更是一件艺术收藏品和文化创意产品。

苗族印象高端定制礼盒，可谓是花西子打造的极具艺术和文化价值的产品。该系列产品以苗族的银饰文化和蝴蝶图腾为创意来源,将苗族的民族元素融入东方彩妆,向全世界诠释什么是"民族美就是世界美"。消费者感叹传统技艺的鬼斧神工,纷纷心动。这一产品定价近千元,于2020年10月推出,当月销量超过1000件。除此之外,这一产品在国外也深受消费者喜欢。不少海外友人也在YouTube、Instagram以及Twitter等主流视频和社交媒体上疯狂表示,为花西子的东方美学所折服。全球最火美妆男博主之一"Goss大叔"甚至说:"希望有一天,花西子可以把它们的产品带来英国,因为这些产品是我用过的最好的产品之一!"

古典气质明星+KOL

在"渠道为王"的时代,再具有吸引力的品牌也会受限于"酒香也怕巷子深"。而"渠道"一词已经远远不是经销商、分销商和终端所涵盖的范围了,它可以是一个电商平台,可以是一个线上门店,甚至可以是一个人。由于移动互联网发展和消费者习惯改变，化妆品行业的销售渠道发生了重要改变，越来越多的消费者都在线上购买化妆品，而不是去线下的商超。2010年前，我国化妆品行业线上渠道销售份额还不足1%，大卖场、超市、日化专营店（如屈臣氏、丝芙兰、莎莎国际）和单品牌专卖店构成了化妆品销售的主要渠道。然而，随着各大品牌入驻电商平台，化妆品行业线上渗透率不断提高，在2018年已经以27%的份额超越日化专营店成为第一大销售渠道。而在2019年化妆品电商销售规模更是达到了1473亿元，占比约31.5%。㊀

电商渠道的火爆催生了一系列电商品牌。不同于传统彩妆品牌的多层级分销渠道，电商品牌直接放弃了线下渠道，而将各大电商平台、社交平台、直播平台等作为产品销售的重要渠道。深知自身品牌和产品定位的花西子，从一开始就没有考虑传统的营销手法和销售渠道。花西子创始人花满天从2010年开始就深耕"美妆+电商"领域，在创办花西子之前，

㊀ 前瞻经济学人. 十张图了解2020年化妆品趋势之：线上成第一渠道，化妆品巨头发力电商 [Z/OL]. （2020-06-28）[2021-03-24］. https://www.qianzhan.com/analyst/detail/220/200624-a9254f8b.html.

他曾经运营过百雀羚、水密码等国货美妆品牌的天猫旗舰店，具有丰富的互联网运营经验。在花满天看来，作为新锐品牌，花西子很难再塑造传统品牌那样的线下渠道优势，只有主动拥抱互联网，花西子才有可能在激烈的市场竞争中突围，实现弯道超车。

因此，同完美日记、珂拉琪、橘朵等新锐彩妆品牌一样，花西子一开始就将销售渠道重点放在天猫、淘宝等电商渠道，并借助小红书的内容营销打造单品爆款，实现线上引流。这一策略帮助花西子在短时间内获得了快速成长。截至2022年4月，花西子天猫旗舰店粉丝数量已经超过1000万。花西子最受欢迎的产品空气蜜粉天猫月成交量达52万笔，累计用户评论数量208万。所以有人说，花西子是在天猫闯出来的国潮品牌。

与李佳琦建立深度捆绑关系，可谓是花西子最明智的决策。作为知名头部网红主播和关键意见领袖（KOL），李佳琦具有数量庞大的粉丝群体。在成为主播之前，李佳琦在天虹商场的一家美妆专柜当过"柜哥"，具有丰富的美妆产品推销经验。因此，2019年3月花西子产品首次进入李佳琦直播间后，品牌关注度直线上升，直播间产品空气蜜粉迅速成为花西子的第一个爆款产品。2019年9月，花西子和李佳琦建立更深入的合作，李佳琦成为花西子首席品牌推荐官。有数据显示，2020年上半年，李佳琦共上直播118次，花西子参与次数就达45次。在部分时间里，李佳琦直播间甚至一度贡献了花西子40%的销售收入。可见，花西子时下的火热着实离不开李佳琦。

除了在直播渠道上下狠劲儿，花西子也在品牌推广方面大力塑造其"东方美妆"的独特定位。2019年5月，花西子签约鞠婧祎作为品牌第一个代言人。鞠婧祎与生俱来的古典气质与花西子的品牌形象完美契合。"千年等祎回，祎起东方美"的广告语更是唤起了人们无限的遐想。2020年2月，花西子又邀请东方气质女神杜鹃担任形象代言人。所谓"东方有佳人，绝世而独立"，说的不仅是杜鹃，也是花西子这个品牌。2020年4月，花西子又宣布天籁之声歌手周深担任花西子品牌大使，并邀请国风作曲家陈致逸谱曲，方文山作词，一起创作了品牌宣传歌曲《花西子》；在阿朵参加《乘风破浪的姐姐》之后，花西子又邀请她担任苗族印象产品推广大使……如此种种，花西子每一个行动,无不体现着它的品牌和战略的一致性。

花西子体验官

随着化妆品行业的高度分化,未来将会有更多新的品牌。花西子之后,市场上新的国风品牌依然在不断地出现,如古方香水品牌鎏媚书、古方香膏品牌南柯记。中国五千年的历史文化沉淀,可以延伸出无限细分的类目和不同的文化品牌。因此,对于花西子来说,如何更好地巩固现有的市场定位,如何把"东方彩妆,以花养妆"的故事继续讲下去,这并不是一件很容易的事情。

为此,花西子专门推出了"花西子体验官"招募计划,动员用户参与到价值创造的环节,实现与消费者共同创造价值。花西子将自己的用户称为"花伴",意思是"与花西子相伴成长"。早在花西子正式入驻天猫的第一个月,花西子就在官方微博发布了"彩妆体验官招募令",邀请用户参与不同产品的内测活动。不仅如此,花西子还在微信公众号专门开发了一个

"花西子用户共创"的小程序，设立"花西子共创大会""共创空间"。这些举措不仅帮助花西子更好地洞察消费者心理和需求，也大大地提升了用户的参与感和体验感，使得消费不仅仅是被动地接受价值提供物的单向活动，而是主动体验、价值共创的双向过程。

互联网时代，许多企业都希望实现"价值共创"。然而，对于品牌来说，实现价值共创并不容易，首先需要有极具吸引力的故事聚集粉丝，其次还要牺牲一点所谓的"快速迭代"。对于花西子来说，从筛选大量体验官、寄送大量样品，到跟进每一位用户的使用反馈，再到根据用户反馈不断调试配方、优化产品，都需要消耗大量的人力、物力和时间。这也导致花西子的产品研发呈现出明显的"慢工细琢"的特征，产品上新的速度明显不如完美日记，甚至还不如橘朵等新锐电商品牌。在互联网企业都追求"快速迭代"的时代，作为电商品牌的花西子可谓是一个特立独行的另类。然而，正是由于花西子独特的价值创造策略，它上市后产品才更容易获得消费者的好评。

国妆经典

国货崛起，国潮当道。花西子坚持"东方彩妆，以花养妆"的品牌定位，走出了国产彩妆突围的另一种方式——品牌塑造。就在逸仙电商依靠轰炸式营销登陆纽交所，背靠雄厚资本一路收购多个海外品牌实现国际化的时候，花西子高举"东方彩妆"的旗帜，开始走出国门。2021年3月初，花西子上线日本亚马逊，正式进入日本市场。已经年满4岁的花西子，正在朝着"扬东方之美，铸百年国妆"之路步步迈进。

对于消费者来说，花西子是一个品牌，也是一个品类，更是一个文化标签。花西子的快速成长离不开自身清晰、明确的战略定位，更离不开中国经济崛起所带来的百年未有之文化自信。从这方面来说，我们不应该简单地把花西子当作一个品牌，也要把它看作中国消费文化转变的象征。然而，在国际大牌和国内新锐品牌的双重夹击之下，花西子的故事能不能继续讲下去呢？花西子现象还能持续多久？现在我们还很难回答。但是，不管花西子未来如何发展，花西子的案例都是值得我们认真研究的。

正如著名战略管理大师迈克尔·波特（Michael E.Porter）所言，"战略就是创造一种独特的、有利的定位，而持续的竞争优势取决于不同环节、各个运营活动之间的相互协调"。这也是花西子案例给我们最大的启发。

一个优秀的品牌、一个长青的企业，不仅需要踏准消费者潮流，准确地界定并宣传企业的独特战略定位，更需要在各个运营环节建立相互协调、相互支撑的战略配称体系。从这个角度来说，如果花西子能够继续坚持现在的战略定位，并且在未来的发展过程中不出现运营活动上的重大偏失，完全有可能成为"国货之光"的领衔者，甚至造就一代"国妆"经典品牌。不得不思考的是，伴随品牌知名度和热度的提高，消费者对产品和体验的要求也越来越高。现在的战略定位和营销手段为花西子带来了巨大的流量，但想要"品牌长青"，花西子应该如何维系市场地位，抵御层出不穷的新品牌带来的冲击？

04
第4章

参与感
抓住年轻人群的心

这个时代的年轻人，对"我"这个字有足够的爱惜——他们需要与这个世界有深刻的参与感。体验经济正好满足了他们的自我认同需求，一旦获得认同，就会完成从消费者到参与者再到共建者的自我迭代。在"人与人"直接对话的体验经济里，口碑的力量超越了传统的模式。

有学者曾这样评价人们对这种参与体验感的需求，"基于大数据的粉丝化生产和个性化分发使得每一名用户能够轻松地找到自己感兴趣的视觉内容和观点并确认它、肯定它、强化它、分享它，这使得他们获得了成为自己或更像真正的自己的乐趣，而且毫不费力"⊖。

作为专业的品牌代理商，路捷鲲驰⊜的转型顺应了这个时代的趋势——人们的购物行为不仅从线下转移到了线上，线上营销也已经进入了全新的时代。年轻群体获取产品信息的方式和渠道发生了重大的变化——网红、KOL和内容营销的逻辑，是一群有着某种相似度的人围绕共同关注的原点形成了一个松散的集合，以路捷鲲驰

⊖ 刘庆振. 参与感：自媒体语境下视觉生产与消费的基本逻辑[J]. 教育传媒研究，2019（5）：29-31.

⊜ 1999年，上海路捷鲲驰集团股份有限公司（简称"路捷鲲驰"）的前身路捷黑龙江成立；2011年，路捷鲲驰到上海成立"上海鲲驰贸易发展有限公司"，正式进入电商品牌服务行业。为了方便介绍，本书将上海路捷鲲驰集团股份有限公司发展过程中所涉及的法律实体统一称为"路捷鲲驰"。

为代表的电商上下游企业,都在加强与各个圈层消费者的连接。

内容提要

路捷鲲驰原来是东北地区个人护理用品最大的进口商和代理商,为适应零售电商时代的发展,路捷鲲驰全面转型为辐射全国市场的品牌电商代运营商,并成为资本市场电商代运营板块的行业新秀。通过阅读这一案例,你将重点了解如下内容:

1. 路捷鲲驰从经销商向运营商转型的历程。
2. 路捷鲲驰的商业模式和运营策略。
3. 路捷鲲驰面临的潜在挑战。

近年来，国内化妆品市场风云诡谲，传统零售渠道渐显颓势，电商零售渠道却快速发展，成为各大品牌增长的新引擎。据 Euromonitor 统计，2020 年国内化妆品市场电商零售总额占比达 38%，而在 5 年前，这一比例尚不足 20%。其中，2020 年国内几乎一半美妆产品都是通过电商渠道销售的。电商渠道的繁荣不仅带火了快递行业，电商代运营行业也随之快速崛起，特别是化妆品代运营领域。2020 年国内电商代运营行业市场规模突破 2400 亿元，2021 年逼近 3000 亿元，其中贡献最大的就是化妆品行业——天猫平台品牌服务商中，化妆品行业品牌代运营商达到 101 家，占比超过 17%。㊀在这些品牌代运营商当中，宝尊电商、壹网壹创、丽人丽妆、若羽臣等已纷纷登陆资本市场，悠可集团和路捷鲲驰作为资本市场的后来者也正在奋起直追。

不同于其他品牌代运营商，路捷鲲驰发家于传统经销商业务，经历了中国化妆品零售市场从传

㊀ 艾媒网. 2020H1 中国品牌电商服务商行业研究报告 [Z/OL]. （2020-06-28）[2020-04-20]. https://www.iimedia.cn/c400/72315.html.

统经销代理走向互联网零售的过程。在传统零售时代,路捷鲲驰叱咤风云于东北市场,成为东北地区个人护理用品最大的进口商和代理商,市场占有率一度超过80%。东北地区几乎所有超市、连锁店,只要设置了进口个人护理商品专柜,就会与路捷鲲驰建立合作关系。可是,进口产品相对来说还是少数人的选择,而且线下经营模式在其他地区的复制推广效率又比较低,路捷鲲驰不仅需要跟每一个合作品牌重新谈判,还需要跟线下每一个门店打交道。正因为如此,2010年前后路捷鲲驰遭遇到了前所未有的增长瓶颈,特别是在化妆品电商渠道不断渗透的时代,路捷鲲驰原有的渠道优势也逐渐减弱。

在这种情况下,路捷鲲驰果断抓住新的市场机遇实现转型,重新建立起适应电商时代发展的品牌运营优势,成为国内领先的线上线下全渠道品牌服务商。在本章中,我们将深入剖析路捷鲲驰的成长和转型历程,了解品牌商和电商代运营商价值共创背后的战略逻辑。

从经销商到运营商

一直以来,经销商都是化妆品产业链不可或缺的一个重要环节。借助于经销商的本地化网络资源,品牌商可以快速渗透市场,终端零售商也可以有效降低单店采购的内在缺陷。20世纪90年代,正是国际化妆品品牌疯狂追逐中国市场的关键节点,它们迫切需要知中国、懂中国,并且充分发挥合作伙伴的本地化优势;同样,随着国内消费者的生活品位提升和消费升级,许多消费者对来自国外的商品具有强烈的偏好,终端零售商如地域连锁店和高级超市也希望觅得可靠的供货商,为它们提供物美价廉的进口货源。路捷鲲驰看到了这背后巨大的市场机会,1999年从哈尔滨开始,用了3年左右的时间,建立起东北地区庞大的销售网络和一支专业化的导购队伍,形成了进口个人护理产品营销和推广的方法论。直到2005年,路捷鲲驰在东北地区基本确立了进口个人护理用品的领导地位,最辉煌的时候甚至占到整个市场80%以上的市场份额。

2010年正是当当网发展到巅峰的时候,路捷鲲驰成为当当网在东北地区进口个人护理用品的供应商。当时，当当网一个月的采购额抵得上路捷鲲驰最大线下客户单店两个多月的销售额，而且它不需要提供任何销售支持。这一次偶然的"触网"机会让路捷鲲驰见识到了电商渠道的巨大增长潜力，也让这只因禁于东北市场的"猛虎"开始有了新的发展方向和战略设计——电商代运营（或者说品牌电商服务）。

路捷鲲驰不是第一个觉察到电商代运营市场新机会的选手，但是它走出了一条区别于其他竞争对手的发展道路。从2003年开始，随着淘宝平台的迅猛发展，一些颇具互联网思维的品牌电商服务商诞生。不过它们主要为淘宝小商家提供产品推广服务，服务商数量和规模都比较小，也没有形成具有影响力的全国性品牌。然而，经过10多年的发展，品牌电商服务龙头企业逐渐浮出水面。它们一开始只提供相对单一的营销推广服务，后来逐渐覆盖全链路式或模块式运营服务，形成了一个初具市场规模的细分市场，涌现出了一批专业化、规模化的品牌电商服务龙头企业。

比如成立于2007年的宝尊电商，它致力于为品牌商提供电商渠道一站式商业解决方案，业务覆盖服饰、3C数码、家电、快消品、美妆、家居建材、互联网金融和汽车八大垂直领域。除此之外，丽人丽妆、杭州悠可、壹网壹创等先后诞生，它们选择专注于美妆细分赛道，为国际知名化妆品品牌提供包括店铺运营、营销策划、仓储物流等在内的全链路电商服务，帮助品牌商提升知名度和线上销售份额。也就是从这个时候开始，化妆品品牌电商代运营行业进入快速发展期。

2011年5月，凭借在个人护理市场10多年的名品代理销售经验和资源，路捷鲲驰在上海设立"上海鲲驰贸易发展有限公司"，并确立了"电商三部曲"的发展战略。其一，建立品牌官方旗舰店。凭借在进口个人护理产品领域多年积累的经销经验，路捷鲲驰首先攻克了资生堂，拿下"资生堂旗下个人护理天猫旗舰店"的最高资质授权，全面代理丝蓓绮、水之密语、可悠然、惠润、UNO等多个资生堂品牌的线上销售。其二，把B2B的模式作为重点。相比B2C模式而言，B2B模式不需要直接面对消费者，能够有效化解投资分散的风险，也能够帮助路捷鲲驰快速实现盈利和增长。其三，建立自己的自有店铺。自有店铺保留了一个与消费者直接沟通的通道，同时也为吸引更多的品牌创造了一个平台。通过"电商三部曲"的战略规划，路捷鲲驰很快就进入了新的发展赛道，到2014年实现营收3亿多元，与汉高、狮王、拜尔斯道夫建立了新的合作关系，并成为京东首批美妆类JDP（JD Partner）。

2015年是中国跨境电商的元年，路捷鲲驰作为第一批参与者在香港地区设置了"鲲驰香港"，并着手成立"鲲驰日本"负责跨境电商业务。从2015年开始，路捷鲲驰进入高速增长期，年均复合增长率为240%。围绕着"以品牌为核心，构建完整的营销、运营与管理体系，成为中国多渠道、多功能、多品牌的首席品牌运营商"这一企业愿景，路捷鲲驰从集团层面进行了一系列战略布局。除了负责线下代理的路捷（包括KA及分销事业部）和线上代理的鲲驰（包括B2B和B2C业务），路捷鲲驰还先后建立了银河系、美琦客、Miracle和SmartGo四大职能模块，分别承担品牌管理、营销创意、大数据服务和智慧供应链辅助业务，助力路捷鲲驰的数字化转型

（见图4-1）。目前，路捷鲲驰为200多个品牌提供包括店铺运营、数字营销、技术服务以及供应链服务等在内的一体化电商解决方案，线下零售门店覆盖全国370多个城市。2021年1月，路捷鲲驰同中金公司签署了上市辅导协议，又一家品牌运营的"幕后英雄"开始浮出水面。

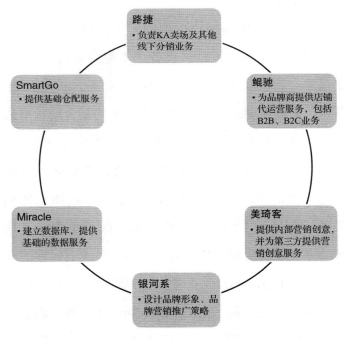

图4-1 路捷鲲驰的六大职能模块

资料来源：作者绘制。

两个轮子一起转

在转型发展的过程中,路捷鲲驰并没有完全砍去传统的线下经销业务,而是采取了一种所谓的"O&O"(online and offline)折中模式,在抓住新市场机会的同时平衡经营风险。资生堂的项目就是一个很好的案例,路捷鲲驰不仅继续保留资生堂的线下经销业务,还帮助资生堂"触网"从而创造新的增长点。路捷鲲驰将这种整合线上线下渠道的做法称为"两个轮子一起转"。

对于路捷鲲驰来说,"一起转动"的不仅是线上线下多渠道,更是线上运营的多种模式。目前,品牌电商服务行业主要存在着两种模式,即电商零售模式和品牌运营模式。前者又被称为"买断销售模式"或者"传统经销模式"。在这一模式之下,品牌电商服务商与品牌商签订销售协议,以买断方式向品牌方或其国内总代理商采购产品,主要在天猫、京东等电商平台开设品牌官方旗舰店,以网络零售的形式把产品销售给终端消费者。品牌电商服务商对销售的产品拥有所有权,主要通过低价买入、高价卖出来赚取销售差价。

品牌运营模式或者代运营服务模式是品牌电商服务商接受品牌商的委托,在不享有销售产品所有权的情况下负责建设、运营线上品牌官方旗舰店,或为品牌商就某项产品或活动提供营销推广服务。根据不同品牌商的需求,代运营服务商可以为品牌商提供品牌形象塑造、营销推广、店铺运营、客户服务、仓储物流、技术支持等多模块的专业化服务。在这一模式之下,品牌电商服务商不需要向品牌商或其国内总代理商采购货品,主要通过提供不同模块的服务赚取服务佣金。简单地说,电商零售模式卖的依然是产品,而品牌运营模式卖的是服务。

品牌电商服务商在这两种模式之间往往具有不同的侧重点。在美妆品牌电商运营领域,丽人丽妆的核心业务为电商零售业务,2020年营业总收入46亿元,其中电商零售收入占比高达95%;壹网壹创更加侧重于品牌运营服务,2020年营业收入近13亿元,品牌线上营销服务收入占比32.36%,品牌线上管理服务收入占比40.14%,而线上分销业务只占27%。

内容运营

随着线上流量日益碎片化，主要 B2C 平台的站内流量成本越来越高，这促使品牌电商服务商不断推动精细化运营，在现有的流量内提升转化率、客单价和复购率。除此之外，社交平台和知识社群的发展使得站外（如小红书、知乎、抖音、微信和微博）的引流效果越来越明显，"站外种草⊖，站内购买"成为绝大多数品牌实现在线销售的重要途径。而成功"种草"不仅需要优质的产品，更有赖于能够激发用户购买欲望的精致内容。因此，从某种程度上来说，品牌电商服务商的核心竞争力来源于品牌精细化运营，而品牌运营的核心在于内容创作。

针对站外流量的运营，路捷鲲驰组建了两支内容创作团队。一支是媒介采买团队，负责保持与外部"网红"关键意见领袖的连接，目前路捷鲲驰已经与"网红"孵化机构合作签约了近 2000 位风格各异的

⊖ 种草，网络流行语，表示分享推荐某一商品的优秀品质，以激发他人购买欲望的行为；或自己根据外界信息，对某事物产生体验或拥有的欲望的过程；也表示把一样事物分享推荐给另一个人，让另一个人喜欢这样事物的行为，类似网络用语"安利"的用法；还表示一件事物让自己从心里由衷地喜欢。

达人，并且还在有意识地培养、孵化内部网络红人；另外一支是内容营销团队，除了完成日常经销品牌的内容创意、内容制作以及站内外投放，这一团队还会尝试孵化自身的 IP（intellectual property）。"脸很大的喵酱"就是路捷鲲驰孵化的最为成功的内容 IP 之一。2017 年，它在微博和小红书同时上线，目前⊖微博粉丝数量 15.5 万，小红书粉丝数量 92.2 万，它发布的文章中在这两个平台的阅读量分别达到了 350 万和 28.3 万，为路捷鲲驰代运营品牌的产品推广发挥了非常重要的作用。

"短视频种草＋直播带货"是品牌电商服务商近两年开始尝试的新模式。随着抖音、快手等短视频平台的发展，互联网电商正在迎来去中心化发展的浪潮，天猫一家独大的情形正在发生变化。2020 年，抖音全年商品成交总额（GMV）超过 5000 亿元，其中 3000 多亿元是从直播间和短视频跳转到京东、淘宝等电商平台完成交易的，另外还有 1000 多亿元是通过抖音自有电商平台"抖音小店"交易实现的。⊜

⊖ 截至 2022 年 4 月。
⊜ 搜狐网. 抖音电商 2020 年全年 GMV 超过 5000 亿元［Z/OL］.（2021-02-03）［2021-05-13］. https://www.sohu.com/a/448552592_114837.

从 2020 年下半年开始,抖音构建字节跳动电商生态的战略开始铺开,未来抖音也不再只是一个电商导流渠道,而会成为一个可以与天猫一决高下的电商平台。在这样的行业背景下,2020 年第四季度,壹网壹创成立了专门的抖音事业部,致力于新电商渠道的构建,不断提升电商全域服务的能力。

走出美妆圈

经过近 5 年的高速增长,国内品牌电商服务行业已经步入成熟发展阶段。特别是在化妆品垂直行业市场,头部电商服务品牌出现,规模优势突出,而新的品牌电商服务商依然在不断地涌入,这一细分市场早已是一片红海。一些头部玩家开始拓展国外市场,以分散国内市场单一的经营风险。比如丽人丽妆,2020 年开始启动对东南亚市场的渗透,先后在东南亚电商巨头 Lazada、Shopee 等的线上平台上与妮维雅、欧舒丹、奇士美、露华浓等品牌合作。而另外一些企业则试图通过多细分市场的品类拓展,扩大国内市场的整体规模。

2020年下半年,壹网壹创正式与盐津铺子签约,开启全面战略合作,帮助盐津铺子进行涵盖天猫、京东、拼多多、唯品会等多个主流电商平台的运营。同时,壹网壹创还开始了与当下明星企业泡泡玛特的合作,再一次拓展服务的品牌类目。目前,壹网壹创的服务领域已经覆盖美妆、文创、食品等多个类目,成为专注于快速消费品垂直领域的电子商务服务提供商。

事实上,依靠进口化妆品代理业务起家的路捷鲲驰很早就开始了多品类的尝试。2016年6月,路捷鲲驰开始与日本知名手表品牌卡西欧合作,踏出了品类拓展的第一步。在最近的几年里,路捷鲲驰的业务深入到个人护理、美妆、母婴、健康保健、时尚、食品等多个垂直行业(见图4-2)。

图4-2 与路捷鲲驰合作的品牌

台前与幕后

2015年5月,宝尊电商在纳斯达克挂牌上市,成为国内电商代运营行业第一股。在之后的几年时间里,若羽臣和壹网壹创登陆深交所、丽人丽妆问鼎上交所、悠可冲击港交所、路捷鲲驰开启上市辅导等,每一桩事件都吸引了资本市场的极大关注,也让品牌商线上渠道运营的幕后帮手开始为外界所知晓。对于品牌电商服务商来说,国际品牌商始终是它们最大的客户来源;在国内品牌中,新锐品牌如花西子,本身就具有强大的互联网基因,通常都会自建电商运营团队,只有线上渠道转型较慢的传统国货品牌才会借助于代运营商加快转型。据艾瑞咨询调查数据,国际品牌对代运营商的需求比例为80%～90%,国内品牌对应需求仅为20%～30%。⊖然而,随着品牌商电商运营经验的积累,它们随时都有可能"卸磨杀驴",建立自己的运营团队,从而提高对渠道的掌控能力。近年

⊖ 艾瑞咨询. 2019年中国品牌电商服务行业研究报告[Z/OL].
(2019-06-24)[2021-05-14]. http://report.iresearch.cn/report/201906/3391.shtml.

来，这样的情况屡见不鲜。

比如说，百雀羚与壹网壹创的"和平分手"。作为百雀羚的电商代运营商，壹网壹创帮助百雀羚连续多年占据天猫双十一美妆榜单，并打造了"小雀幸"系列面膜等多款爆款产品；百雀羚甚至一度为壹网壹创贡献近八成的销售收入。[一]然而，2020年8月百雀羚与壹网壹创达成协议，将合作模式由原有的品牌线上营销服务模式，转为品牌线上管理

> 价值链是迈克尔·波特提出的概念，每一个企业都是在设计、生产、销售、发送和辅助其产品过程中进行各种活动的几何体。每一项经营管理活动就是这一价值链条上的一个环节。价值链的各环节之间相互关联，相互影响。很多公司通过各种外包方式，成功进行了具有战略意义的价值活动。如果公司过度外包，而使自己的知识和能力缺乏，就会让自己受到外界供应商的牵制。百雀羚、欧莱雅等品牌在2019～2020年之前将线上渠道外包给电商代运营商，但很快都意识到自建内部团队运营的重要性，于是相继将这部分价值链活动转为内部运营。

[一] 李孝平. 和百雀羚"分手"后，壹网壹创换帅 [Z/OL]. （2021-03-01）[2021-05-14]. https://www.chinabeauty.cn/news/16897.html.

服务模式，百雀羚的天猫旗舰店也收为自营。这意味着壹网壹创不再拥有百雀羚产品的代理经销权，而只是为百雀羚继续提供线上运营支持。同样，丽人丽妆也面临着来自国际和国内品牌商的双重打压。2019年下半年以来，碧欧泉、植村秀、欧莱雅集团相继宣布中止与丽人丽妆的合作关系，变动原因均为"自建内部团队运营"。早些年老牌国货品牌相宜本草依靠丽人丽妆实现了线上渠道的快速转型，2020年下半年它也开始自建运营团队。

正因为如此，绝大多数品牌电商服务商都意识到了自有品牌的重要性，幕后帮手正在走向台前，寻求自己的市场影响力。2020年12月，壹网壹创成立了"杭州每鲜说食品科技有限公司"，开展公司首个自主品牌"每鲜说"的前期工作，包括进行产品概念、包装设计及口味调试。而丽人丽妆早在2014年就创立了创新型美妆用具品牌"momoup"，坚持以"高品质、高颜值、高体验"打动消费者，目前是海内外百万级"网红"支持的人气品牌。以momoup为核心自有品牌，丽人丽妆试图构建自己的品牌矩阵，推动公司从品牌服务向品牌管理转变。此外，2019年杭州悠可也开启了品牌孵化模式。据招股说明书披露，品牌孵化模式产生的收益已超过3亿元。借助于品牌电商服务商自身强大的品牌运营能力和国内成熟的供应链能力，相信未来还会有更多电商代运营商自有品牌诞生。

一边穿衣服一边跑

有人说，在快消品渠道数字化变革的大浪潮下，经销商可能会消失，但中间商还将继续存在。然而，回顾路捷鲲驰和品牌电商服务行业的发展历程，我们不可否认，传统经销商的某些职能依然具有难以替代的价值。即便是现在，传统经销模式在品牌电商服务商中间依然占有非常大的市场比重，只是这一模式发挥作用的方式发生了极大的改变。品牌商需要的是能够创造新价值的服务商，帮助它们做好营销推广、提升品牌价值和影响力，而不是只能够提供基础分销职能的传统经销商。

对于路捷鲲驰来说，运营的品牌可能会变，所依赖的电商平台也可能变，但是它连接品牌方和平台方的本质不会发生改变。尽管一些实力雄厚的品牌商已经着实推进了自有运营团队的建设,台前与幕后的界限也不再那么清晰,但专业化运营服务依然是绝大多数中小品牌商的选择。随着各行各业线上渠道转型的加速,品牌电商服务这一市场还将迎来更大规模的增长。为了适应未来的增长,路捷鲲驰不仅需要更快地提升品牌运营能力,实现电商全渠道的覆盖,更需要加快、加深对行业的理解,不仅要成为电商运营专家,更要成为行业专家。

正如路捷鲲驰创始人李宏德先生所言,"没有办法一边穿衣服一边跑,如果说我们决定穿得非常体面,其他竞争对手可能就撞线了,如果想快点儿跑,可能要忍受衣服没有穿好的尴尬"。经历了传统零售时代的渠道沉淀,又实现了互联网零售时代的步步为营,未来路捷鲲驰这个"一边穿衣服一边跑"的选手让人期待。

05
第 5 章

跨界融合
传统行业新玩法

近几年，在游戏产业持续繁荣发展的背景下，"影游联动"屡见不鲜。2018年电影《头号玩家》将早期街头游戏《街头霸王》和近些年上线的《守望先锋》等游戏的彩蛋融入电影之中，为观众勾勒了一幅宏大的VR游戏蓝图。电影与电子游戏的跨界融合，成为当前电影行业发展的趋势之一，而两者的相似之处在于，它们都希望营造沉浸式的体验效果，也正是这样，使得两者的相互融合有了共同的根基。[一]

游戏行业的本质是"体验经济"，玩家基于追求"体验"，产生了不断追求高品质、高还原度、新鲜感等愿望。完美世界在近几年正是洞悉了全球游戏市场年轻化的趋势，从年轻用户多元化的偏好、新型文化热点等维度入手，覆盖了更多的细分市场。在泛娱乐化发展的大趋势下，完美世界正依托自身的核心竞争优势和独特资源，来打造自己的IP帝国。

内容提要

作为《完美世界》网络游戏的开发商，完美世界控股集团（以下简称"完美世界"）是中国最早自主研发3D游戏引擎的游戏企业之一。从游戏行业出发，完美世界逐渐建立起涵盖游戏、影视、电竞、院线、动画和教

[一] 游尔威. 沉浸中迷惘：当"游戏性"融入电影[J]. 艺术科技，2017（12）：134，267.

育等业务的文化娱乐产业集团,并将"影游联动"作为其发展的重要战略布局。通过阅读这一案例,你将重点了解如下内容:

1. 完美世界的创业历程。
2. 完美世界打造"影游联动综合体"的战略逻辑和实现路径。
3. 完美世界基于IP的商业模式。
4. 手游时代完美世界的生存和发展策略。

正所谓"无IP不商业""得IP者得天下"……不知道从什么时候开始，IP一词跟"网红"一样突然火了起来，成为描述当下商业现象的时髦术语，被媒体、投资者和大众热烈追捧。

从字面上来说，IP就是"知识产权"的意思，但是现在IP的内涵早已超出了知识产权的范畴。它可以是一个人（如影视明星、网络红人），可以是具有某种知识产权属性的内容（如文学作品、电影电视剧、综艺节目），也可以是围绕某个人和相关内容所形成的有形或无形衍生物（如品牌）。一个好的IP，不仅是企业核心竞争力的来源，更是新的消费风尚下各行各业商业模式创新的基础。

从影视动漫、文学创作，到主题公园甚至文创产品，IP成了无孔不入的存在。而在游戏行业，IP概念尤其火热。作为泛娱乐IP产业链的核心环节，游戏具有明确的消费场景和模式，能够提供沉浸式的消费体验，因而是IP商业化的重要方式。据易观分析统计，2020年中国以IP为核心特征的泛娱乐产业市场规模已突破8000亿元。[一]由于游戏玩家之间的高度认同感和频繁互动,重磅游戏亦有可能成为IP的重要来源,形成良性互动的"后游戏"市场,如衍生品及周边产品、影视动漫。

然而,长期以来我国游戏行业奉行的都是IP"拿来主义",即直接改编文学名著、网络小说、影视动漫,优质IP成为各大游戏厂商竞相追逐的资源,许多资源欠缺的中小型游戏企业甚至不惜重金购买热门IP。不可否认,这种简单、粗暴的开发方式确实给国内游戏行业的发展注入了源源不断的创意来源,涌现出不少优秀的国产网络游戏产品,更是塑造了无数"80后"、"90后"年轻人的儿时、青春记忆。比如网易的"梦幻西游"系列游戏,上线近20年至今热度犹存。据网易游戏官方网站数据,《梦幻西游》端游注册用户数达3.6亿,历史上最多玩家同时在线数超270万。而《梦幻西游》手游在2015年3月登陆iOS平台后立即横扫Apple Store各大榜单,

---

[一] 易观分析. 中国移动IP游戏专题分析2020 [Z/OL].(2020-04-30)[2021-02-24]. https://boyue.analysys.cn/view/article.html?articleId=20019754&columnId=8.

并盘踞 iOS 畅销排行榜首位 4 个月之久㊀。

出于优质 IP 稀缺性和高价值性的考虑,也有游戏企业开始尝试打通泛娱乐 IP 产业链上下游,以游戏为核心实现 IP 培育与 IP 商业化的有效衔接。完美世界是国内率先走出这一步的公司之一,以"影游联动"为核心,完美世界打造了涵盖影视、游戏、电竞、院线、动画、教育等多业务板块的"榕树型"战略结构,成为国内网络游戏行业一个独特的存在。"影游联动"听起来很有意思,但是实践起来存在着难以克服的困难。完美世界依然还在"摸着石头过河",外界对这一新的战略似乎也并不是那么看好。面对 IP 和泛娱乐产业巨大的市场潜力,完美世界是如何走上这一条"不归路"的?现在存在哪些难以逾越的障碍?未来又该如何选择?在这一章中,我们一起走入完美世界。

从"开天辟地"到"完美世界"

2004 年,完美世界(前称"完美时空")正式成

㊀ 网易游戏. 战绩显赫!梦幻西游手游成网易 Q2 财报神助攻 [Z/OL].(2015-08-14)[2021-02-24]. https://my.163.com/news/news/2015/8/14/16741_554197.html.

立。但是完美世界的故事还得从"开天辟地"开始讲起……

20世纪90年代,中国开始取消国外电脑进口配额限制,国内电脑市场进入一个"群雄争霸"的时代。尽管国产电脑巨头奋力反击,但终究还是招架不住国外品牌一轮又一轮的价格战。它们当中有的选择退居幕后给国外品牌代工,有的开始意识到计算机的关键技术都掌握在美国人手里,以中国的国力,短时间内不可能与之争锋。"而软件,作为一个新兴的产业,我们固然没有什么优势,但别人也没有走得太远,大家有得一拼!"⊖完美世界创始人池宇峰即是那时候国产软件市场的探路者之一。

毕业于清华大学化学系的池宇峰,大学期间卖过报纸,倒腾过火车票,到中关村站过柜台,甚至还开过化工厂……毕业后他进入广州浪奇宝洁公司工作,但是只工作了一年多,他就辞职下海,与大学同学一起在深圳做起了电脑生意。最火爆的时候,池宇峰的电脑公司甚至成为深圳最大的电脑兼容机供应

⊖ 中新网. 池宇峰:洪恩创造,思者无疆 [Z/OL].(2002-10-16)[2021-02-25]. https://www.chinanews.com/2002-10-16/26/232464.html.

商。然而，就在电脑生意风生水起的时候，池宇峰又选择了北上重新开始。

基于对国内电脑市场的判断和对国内用户的深刻认识，池宇峰选择将教育软件作为他创业的新起点。他的目标就是要做出一套电脑教育软件，用最轻松、最简洁的语言和生动形象的画面来教会第一次接触电脑的人从打开机器，到掌握具体文档的处理，及至消除病毒等所有的基本操作方法。他给这套软件取了一个响当当的名字——"开天辟地"。在那个电脑刚开始进入"寻常百姓家"的时代，"开天辟地"着实抓住了用户的"痛点"，一时间成为国内用户的"必装软件"，同时迅速奠定了新成立的"洪恩公司"（以下简称"洪恩"）的市场地位。后来，洪恩又开发了"万事无忧""畅通无阻"等上网教学软件，"随心所欲说英语""耳目一新读英语""听力超人""开天辟地背单词""英语世纪行"等英语教育软件，成为中国教育软件第一品牌，以每年高于100%的速度迅速成长。

就在这个时候，清华的几位校友找到了洪恩。一家教育行业的公司转投游戏，在常人看来多少有些"不务正业",甚至还有些"误人子弟",但是洪恩还真敢"冒天下之大不韪"。20世纪90年代,正是国产游戏行业发展的起步期,金盘电子、前导软件、金山游戏(西山居工作室)、腾图电子和尚洋电子等构成了国产游戏行业的第一梯队。从1997年开始,一大批不知名公司涌入游戏市场,其中既有出版商、硬件商、软件商,也有很多不具备研发实力的兴趣小组,它们前赴后继,在国内掀起了一股单机游戏热潮。㊀"祖龙工作室"一开始就是由几个对游戏和三维技术感兴趣的清华宅男组成的兴趣小组。

在这一年,经典单机游戏《自由与荣耀》项目成立,祖龙工作室作为洪恩内部的一个独立部门也正式诞生,成为国内最早的专业游戏工作室之一。当时,这一工作室成员一共有11人,全部都是来自清华的学子。祖龙工作室成立之后,先后开发出了《自由与荣耀2》《大秦悍将》《抗日:血战上海滩》《抗日:血战缅甸》等单机游戏。可是,出于战略结构调整的

㊀ 百度. 细说中国大陆游戏产业的发展历程 [Z/OL]. (2020-01-22) [2021-02-28]. https://baijiahao.baidu.com/s?id=1656359831677662145&wfr=spider&for=pc.

考虑，2001年洪恩将祖龙工作室从公司剥离，使之独立，2004年又重新召回了祖龙工作室的原班人马，合并成立了完美时空。此后，完美世界才真正开始迈入网络游戏行业发展的快车道。

端游时代经典 IP

如果说当下许多行业"无IP不商业"多少还有"挂羊头卖狗肉"之嫌，那么国产游戏产品的开发则天生具有IP的属性。只不过那时候我们更习惯称之为游戏题材，而不是IP。比如1996年前导软件推出的游戏作品《官渡》，就取材于三国时期的官渡之战。丰富的中国传统文化元素，不仅为国内游戏公司开发优秀的游戏作品提供创意来源，也形成了国产游戏独特的"世界观"，塑造了一大批优秀的国产单机游戏。

可是在1997年，国产游戏行业几乎到了整体坍塌的边缘。4月"血狮事件"爆发，尚洋电子迫于各种压力，将不成熟的产品《血狮》推向市场，前期的大力宣传和后期产品的糟糕质量形成鲜明的反差，直接导致国内单机游戏市场大崩盘。玩家开始不信任国内游戏制作组，甚至开始抵制国产游戏。刚刚将祖龙工作室收入麾下的完美世界可谓"赶了个晚集"，与国内游戏行业发展的单机时代擦肩而过。

就在国产单机游戏市场疲软的时候，国内网络游戏市场却迎来了发展的"小阳春"。"联众世界"以棋牌休闲游戏作为切入口，极盛时注册用户超过2亿；游龙公司以金庸书籍为世界观，开发了让无数玩家为之着迷的经典网游《金庸群侠传》；"中文之星"另辟蹊径，开发了现代都市风格的在线游戏《第四世界》；网易自主开发了第一款大型多人在线游戏《大话西游》，开启了"西游"系列神话……更为重要的是，"盛大游戏"引进的《传奇》，"第九城市"引进的《魔兽世界》㊀着实让国内玩家领略到了网络虚拟世界的魅力，这一期间开发或引入的不少游戏直到现在依然具有强大的吸引力，成为游戏市场自带流量的顶级IP。完美世界在这种行业背景下重新

㊀ 2009年以后改为网易代理。

杀入游戏产业，开发了一系列具有庞大用户基础的游戏大作。

《完美世界》是祖龙工作室开发的第一款大型多人在线角色扮演游戏（MMORPG），它取材于先秦古籍《山海经》，以中国上古时期的神话传说"盘古开天辟地"为引子，塑造了一个古老而神秘的奇幻世界。可以说，《完美世界》是中国网络游戏行业发展史上里程碑式的作品，在此之前国产网游的主流玩法还是 2D 俯视视角，而《完美世界》实现了全 3D 无缝接大地图的玩法。2005 年 11 月，《完美世界》上线公测，一上线就成功征服了国内玩家，当年就做到了 30 万人同时在线，刷新了当时国内网游在线纪录。⊖之后完美世界又凭借《完美世界国际版》成功打开海外市场，成为国内第一家进军海外市场的网游公司。

2006 年，《武林外传》热播，成为国产情景喜剧的巅峰力作。《武林外传》不仅捧红了姚晨、闫妮、

⊖ 新浪财经. 脱离完美世界 祖龙娱乐"单飞"赴港 IPO［Z/OL］.（2020-04-11）［2021-02-27］. http://finance.sina.com.cn/roll/2020-04-11/doc-iircuyvh7095947.shtml.

沙溢等一批人，更是造就了一个顶级流量IP。围绕《武林外传》这一IP的衍生品，如电影、端游都获得了极大的市场关注度。完美世界恰逢其时地购买了《武林外传》的IP改编权，同年9月推出了《武林外传》端游，成为市场上最受欢迎的端游之一。2007年，也就是网络奇幻小说《诛仙》全部完结的那一年，完美世界又上线了IP改编的端游《诛仙》。时至今日，它依然是完美世界的旗舰级游戏。此外，在这一时期完美世界还获得金庸多部小说的改编权，如《笑傲江湖》《倚天屠龙记》《神雕侠侣》《射雕英雄传》等（见表5-1）。顶级IP储备库帮助完美世界迅速地追赶上盛大、九城、巨人等老牌国产游戏大厂，并形成了与网易和腾讯争锋的独特竞争力。2007年7月，完美世界成功登陆纳斯达克，迎来了发展的快速成长期。

表5-1 完美世界经典端游IP

游戏名称	公测时间	IP来源
完美世界	2005年11月	《山海经》
武林外传	2006年9月	同名国产电视剧
完美世界国际版	2007年1月	《山海经》
诛仙	2007年4月	同名网络小说

（续）

游戏名称	公测时间	IP 来源
赤壁	2008 年 2 月	《三国演义》
神雕侠侣	2012 年 9 月	金庸同名小说
笑傲江湖	2013 年 6 月	金庸同名小说

资料来源：作者根据网络资料整理编制。

"影游联动"与 IP 生态闭环

这种颇具"拿来主义"色彩的创作模式在游戏行业并不罕见，特别是近些年以来，各大知名游戏厂商都加入顶级 IP 的争夺当中，仿佛拥有了一个优质 IP 的改编授权就能创作出一个好的游戏作品。不得不说，这种"网罗 IP，为我所用"的开发方式在我国网络游戏行业发展的早期阶段确实发挥了重要的作用，它促使游戏的开发者将更多的精力放在技术更新和追赶上，降低了兼顾

> 根据管理学大师马奇教授（James G. March）的定义，利用式创新是企业根据现有的知识和技术，加深现有产品的深度，改进现有产品和服务来满足客户当前的不同需求。IP 改编旨在直接利用 IP 持有者的知识产权，快速推出在市场上受欢迎的产品，故属于利用式创新。

技术和内容所带来的时间成本。直至今日,这种开发方法依然有其存在的重要意义。我们也可以看到,行业中这种方法依然是主流。

然而,这种方式也存在着不可忽视的内在缺陷。其一,优质IP非常稀缺,市场上对优质IP的需求却非常迫切。IP授权的市场供给与需求的矛盾直接导致了天价IP授权费的产生,游戏厂商不得不斥巨资购买顶级IP的授权。网易和腾讯等游戏大厂实力雄厚,自然成为IP争夺战的最大赢家,垄断着市场上绝大多数优质IP,中小型游戏企业很难与之匹敌,生存非常艰难。在这种情况下,如果没有强有力的知识产权保护,一些游戏厂商就会铤而走险,盗版游戏就会大行其道。这不仅会损害IP持有者和购买者的利益,也会加速IP的衰亡。其二,IP改编实质上仍然是一种利用式创新,限制了游戏厂商进行探索式创新的能力。随着网络游戏行业技术的成熟,游戏厂商很难再像以前那样,仅凭超优质的画面感和视觉效果就能获得玩家的青睐,新颖的内容和玩法越来越彰显游戏厂商的开发实力。如果一味"就地取材",秉持"开发时间短,市场见效快"的"拿来主义",游戏厂商势必丧失优质内容和玩法的架构能力。久而久之，就成了泛娱乐IP产业链下游一个极不起眼的"打工者"，随时都可能被替代。

在这个IP持有者"待价而沽"、游戏行业呈现出明显两极化特征的年代，选择其他更有利于企业长远发展的战略，对游戏厂商来说显得尤为重要。完美世界率先走出了打造IP生态圈的第一步，2008年开始涉足影视行业，成为国内第一个将"影游联动"概念付诸行动的游戏厂商。从价值链的角度来说，影视行业既可能是IP改编游戏的上游"供应商"（影视先行、辐射游戏），也可能是IP改编游戏的下游衍生品（游戏先行、辐射影视），因此进军影视行业一度被认为是完美世界突围、形成国内游戏行业"第三极"的标志性事件。

从现在来看，完美世界围绕"影游联动"已经进行了一系列战略布局，集团整体业务遍及影视、游戏、电竞、院线、动画、教育、文学等多领域。可以说，完美世界不仅具备了实现"影游联动"的业务结构，还在组织内部构建了一个泛娱乐IP生态圈，形成了IP创作与变现的生态闭环。然而，完美世界的

"影游联动"似乎并不被市场所看好,所谓的"影游联动"多少还停留在投资层面,各业务板块之间的有效联动还未能显现。

那么,完美世界"影游联动"的故事还能继续吗?"影游联动"会不会只是行业中的一个"伪命题"呢?

从全球范围来看,"影游联动"确实是存在的。在好莱坞,影视剧上映成功后改编成游戏,这种情况并不罕见。电影《速度与激情》和《饥饿游戏》以及"漫威英雄"系列早已被开发为手游,不过好莱坞通常都会选择与成熟的游戏开发商合作,而不是独立开发。同样,在游戏运营成功后,进行影视作品改编的也不在少数。20世纪90年代以来,好莱坞有30余部电影改编自游戏,如《古墓丽影》《狂暴巨兽》《愤怒的小鸟》以及"生化危机"系列。[一]而随着国内相关产业的发展,近些年国内也出现了类似的产业联动。早期由胡歌和刘亦菲主演的《仙剑奇侠传》就改

[一] 网易. 好莱坞超30部游戏改编电影大多扑街,为何还要屡败屡战 [Z/OL].(2019-05-07)[2021-03-01]. https://www.163.com/dy/article/EEJSUM9G05378R4I.html.

编自同名游戏，但是这部剧与经典游戏似乎并没有多大关系，难免有"IP 换皮"之嫌。近些年国内最成功的"影游联动"当属《花千骨》了，爱奇艺以"电视剧同步剧情"和"改写虐恋结局"为卖点，实现了电视剧与游戏的同步火爆。[一]尽管如此，真正有效的"影游联动"终究还是凤毛麟角。这其中最大的困难在于影视和游戏的受众并不是完全一致的，喜欢影视作品的并不一定是游戏玩家，而游戏玩家也不一定喜欢缺少互动的影视作品。

即便如此，不管是国内还是国外，影视和游戏公司之间的相互跨界仍然在继续。完美世界除了参与 IP 产业链上下游之间的合作，也在尝试构建内部 IP 生态闭环。自 2008 年以来，完美世界投资或出品了上百部电影、电视剧，包括《上阳赋》《思美人》《楚汉传奇》等古装热播剧，不过这些影视作品的 IP 价值的显现仍然需要静待时日。或许对于游戏老玩家来说，相比看到更多完美世界自有影视 IP 改编或游戏

[一] 网易. 试水四年了，影游联动到底是不是"伪命题"[Z/OL].（2019-01-20）[2021-03-01]. https://www.sohu.com/a/290342529_211289.

而言,他们更希望看到完美世界旗下经典网游如《完美世界》等能够搬上电影甚至电视剧荧幕。

老 IP 换新颜

2007 年,第一代 iPhone 手机上市,移动游戏市场崭露头角。在功能机时代,《贪吃蛇》《俄罗斯方块》《都市摩天楼》等小游戏成为一代年轻人的童年记忆。但是那个时候,手机画面远远没有现在这么清晰,操作方法也没有现在这么灵活,而智能手机"上下左右"、滑屏、摇杆、重力感应等新玩法的引入让手机游戏更加有趣,《愤怒的小鸟》《水果忍者》《捕鱼达人》《时空猎人》等一批耳熟能详的手游佳作开始进入智能手机必装软件排行榜。从 2013 年开始,端游细分市场份额不断下降,至 2016 年中国手游市场规模达到 819 亿元,首次超过端游的 583 亿元成为第一大细分市场。⊖手游在下一轮市场竞争中

⊖ 安信证券. 手游超端游成为第一大市场,网络游戏步入新时代 [Z/OL].(2017-02-16)[2021-03-01]. http://pg.jrj.com.cn/acc/Res/CN_RES/INDUS/2017/2/16/ef8c726d-2a01-4241-b866-6aaa1f61d36e.pdf.

的重要性不言而喻。

2013年,腾讯游戏已经取得了端游市场的绝对领先地位,旗下《穿越火线》《英雄联盟》和《地下城与勇士》占据了整个游戏行业前三名的位置。目睹了手游市场的价值创造潜力后,腾讯开始将触角伸向手游。而在此之前,完美世界虽然率先在iOS平台上线了休闲捕鱼手游《鱼硑硑》和策略类游戏《国王万岁》,但是在市场上几乎没有引起任何反响。随着国内游戏大厂都陆续进入手游市场,并且尝试将端游IP移植到手游,完美世界也上线了它真正意义上的第一款手游作品《神雕侠侣》。

从2014年开始,完美世界在手游研发和发行上驶入快车道,上线了《笑傲江湖》《神魔大陆》《射雕英雄传》《倚天屠龙记》《诛仙》和《青云志》等颇受市场欢迎的手游大作。其中,《诛仙》这一王牌IP的市场价值显现尤为突出,上线20天流水接近4亿元,始终保持Apple Store前五的位置。[一]2019年3

[一] 中国日报. 成为第三极还有多远?完美世界端游时代后的艰难转身［Z/OL］.(2016-11-15)[2021-03-02］. http://caijing.chinadaily.com.cn/finance/2016/11/15/content_27385012.htm.

月,《完美世界》手游上线公测,一经上线即稳居Apple Store手游畅销榜首位长达20余日,首月产品流水突破10亿元。至此,完美世界端游时代积累的经典IP储备基本上都得到了有效开发再利用,IP的价值效应帮助完美世界在竞争更为激烈的手游市场站稳了脚跟,建立了它在国产游戏行业第二梯队领导者的市场地位。

从端游时代到手游时代,网易和腾讯一路攻城略地,完美世界可以说是国内游戏行业少数的幸存者之一。在每一个时代,它都算不上打头阵的先驱,却是笑到最后的领先者。IP"拿来主义"也好,"影游联动"也罢,在完美世界发展的轨迹中,IP始终是它进行游戏创作的核心。一方面,完美世界在不断地积累新的IP资源;另一方面,它也在不断地激发既有IP的生命力。然而,围绕IP的游戏开发并非毫无弊端。随着最初一代游戏玩家逐渐退出游戏世界,老IP蕴含的情怀价值大打折扣。我们可以看到,近几年《王者荣耀》和《和平精英》等爆款游戏,没有IP加持也产生了巨大的市场影响力。在新的用户群体逐渐成为市场主流的情况下,原有IP的价值是否还能继续显现？如何才能有效地吸引新一代游戏玩家的注意力，形成新的 IP 认同？这是完美世界需要考虑的新的战略问题。

年轻化战略

作为近 20 年的国民游戏品牌，完美世界成就了经典，却也被经典所束缚。《完美世界》《诛仙》等游戏早已不是拥有数亿玩家这么简单，它们更是承载着一代人的情怀与青春记忆。可是，熟悉这些 IP 的第一代玩家多数已经是小学生的爸妈了。成为爸妈的"70 后""80 后"玩游戏的时间越来越少，"95 后""00 后"则接棒成为最活跃的玩家，完美世界乃至整个游戏圈都在经历用户迭代的关键期。对于新一代游戏玩家来说，IP 固然重要，但是更吸引他们的是与时代潮流完美结合的创新游戏内容。而今，不管是腾讯、网易，还是其他游戏厂商，都在不同程度地向年轻人"示好"，一场游戏行业的大变革势在必行。

从 2018 年开始，完美世界启动了它的游戏品牌年轻化战略。迎合年轻化、多元化、个性化、泛娱乐化的发展趋势，完美世界推出年轻人喜欢的、融合新技术和新文化的创新性产品，并在游戏玩法、品牌影响等方面进行了一系列革新。具体体现在以下三个方面。

第一，原有IP的年轻化重释。2018年3月，完美世界启动了诛仙游戏的全品牌升级策略，以"冲破次元只为你"为核心主题，将年轻人的娱乐文化和价值认同融入诛仙IP。完美世界还找来顶级流量明星王俊凯担任诛仙全品牌代言人，并突破代言的"面子功夫"，将王俊凯元素植入到游戏的人设、剧情和玩法中，实现粉丝与偶像的跨次元互动。㊀另外，2019年7月底，完美世界上线公测了金庸IP手游《神雕侠侣2》，产品以年轻化的方式重释金庸经典武侠爱情故事，深受市场关注与玩家认可。2019年12月公测的《新笑傲江湖》手游，则凭借极具辨识度的国风视觉以及江湖沉浸感，将金庸武侠的感知和理解传递给更多的年轻人，受到年轻用户的广泛欢迎，目前产

㊀ GameLook. 王俊凯代言诛仙，顶级流量能带领经典游戏IP实现年轻化吗［Z/OL］.（2018-03-21）［2021-03-03］. http://www.gamelook.com.cn/2018/03/324058.

品仍稳居 Apple Store 畅销榜前列。

第二，引入新的热门 IP。近些年，国产动画风生水起，大银幕票房大热，其中一些甚至形成了颇具规模的"后动画"市场，IP 效应初显。比如 2019 年上映的《哪吒之魔童降世》，它从现代视角重构了这一家喻户晓的中国历史神话故事，颠覆了我们对哪吒的全部想象，也引起了全社会对"我命由我不由天"的大讨论。在这种背景下，2021 年伊始，完美世界与光线传媒旗下彩条屋影业达成战略合作，一举拿下了《哪吒之魔童降世》《西游记之大圣归来》和《姜子牙》三大国产动画电影 IP 游戏改编授权，估计在不久的将来我们就能够看到双方携手打造的中国神话 IP 体系游戏产品。

第三，开发新的细分游戏品类。传统上，我们更习惯于从游戏玩法的角度，将网络游戏划分为角色扮演类（包括 ARPG/MMORPG）、卡牌类、动作类、策略类（包括 SLG）、射击类、放置类、模拟经营类和沙盒类游戏等，完美世界更擅长 MMORPG 游戏的开发和运营。而随着玩家的分层化、异质化，游戏厂商开始围绕不同用户群体的个性化需求，开发面向不同玩家的游戏产品。其中，女性向游戏是完美世界近几年重点开发的细分品类市场。早在 2016 年，完美世界就推出了颇具国风、科幻色彩的二次元赛博手游《梦间集》，而在 2020 年又上线公测了恋爱经营手游《梦间集天鹅座》，更新后的《梦间集 2》深受女性用户喜爱，在游戏推荐平台 TapTap 中的评价高达 9.1 分。

IP 生态圈之梦

游戏历来被视为"印钞机"，也是众多公司竞争角逐的重要领域。在中国市场，网易和腾讯作为佼佼者，占据了近 70% 的市场份额，这也让其他游戏厂商几乎在夹缝中求生存。有人甚至感慨，只要是腾讯走过的地方，寸草不生，更何况还有网易。从端游时代到手游时代，完美世界能够走到今天着实不易。它的成功除了在于技术上的不断守正创新，更在于较早地进行了 IP 资源的积累，并且不再局限于 IP 的"拿来主义"，走出了一条独具特色的"影游联动"的发展之路，尽管它走得并没有预期那么顺利，进展也没有当初想象得那么快。

从战略管理的角度来说,"影游联动"其实也并不是什么新鲜事,无非就是垂直一体化战略的IP加持。企业如果能够将产业链上下游协调好,一体化战略就能够帮助企业形成内外协同的生态圈,可是如果做不好,往往

> 垂直一体化战略是企业充分利用自己在产品、技术、市场上的优势,根据行业价值链的方向,向经营领域更深层次发展的一种战略。具体来说,垂直一体化又可以分为前向一体化和后向一体化。由于泛娱乐IP产业链的特殊性,完美世界向影视行业发展,既可以视为前向一体化,也可以视为后向一体化。

也会促使企业陷入多线作战的绝境。历史上,软硬一体化一度深受追捧,盛大、360、百度等都曾大胆尝试,最终也难免中途夭折。当然,我们也不能据此否认一体化战略的价值。小米生态圈的成功让我们看到了"影游联动"的另一种出路,未来完美世界是不是也可以围绕游戏,搭建更为开放的泛娱乐生态圈呢?毕竟"独乐乐不如众乐乐",泛娱乐事业终究还是少不了上下游不同企业之间的垂直专业化分工。

在这一章中,我们从IP商业化的下游,了解了

游戏行业如何通过 IP 的"拿来主义"实现 IP 变现。那么,对于 IP 持有者来说,他们又是怎样利用当下 IP 的风口的?他们又将面临怎样的问题呢?让我们带着这些问题,一起重新走入故宫,细数故宫这些年的"皇家生意"。

06
第6章

品牌互动
实现与消费者的"双向奔赴"

体验是社会经济发展、消费升级所带来的一种必然趋势，是消费者与当下所处环境的情感连接，是对文化、生活，甚至是周围一草一木的参悟。无论是旅游产业，还是商业地产领域，相比走马观花式的观光以及带有目的性的"买买买"，体验能够带给消费者的不仅是瞬时的满足，更是一种记忆深刻、领会于心灵的融入感。因此，消费者愿意为体验买单，而未来，一切可以纳入体验并消费的产品都将成为社会消费的主流。

文创产品以文化为灵魂，是文化旅游传播的载体。提到这几年火爆的文创，很多人第一时间就会想到"故宫淘宝"，这个借助互联网画风突变的故宫让所有人眼前一亮。"年轻人喜欢什么，我们就给他们献上什么"，故宫淘宝通过深入研究年轻人的特点和需求，充分发挥新媒体的社交互动功能，让年轻人参与到产品的内容生产中来，这就是故宫年轻化的理念。

内容提要

故宫作为我国的历史文化瑰宝，天然就具有 IP 的属性。近几年，故宫积极地拥抱"互联网 + 文创"，让国宝真正活起来，并走入寻常百姓家，形成了新时期文博事业发展的"故宫模式"。通过阅读这一案例，你将重点了解如下内容：

1. 故宫发展文创事业的历史进程。
2. 故宫发展文创事业的运营模式和商业化策略。
3. 故宫文创产品火热背后的社会心理学原因。
4. "故宫模式"的潜在问题。

2020年,故宫博物院(即北京故宫,以下简称"故宫")迎来了建成600周年的生日。9~11月,故宫举办了为期66天的"丹宸永固:紫禁城建成六百年"特展。"丹宸"就是宫殿的意思,"丹宸永固"寓意紫禁城贯穿时空的无穷魅力,也意味着故宫文化的生生不息、绵延不绝。就在2020年的最后一天,《我在故宫六百年》在中央电视台纪录频道首播。该片以古建筑保护者的工作视角,向宫墙之外的天下人讲述古建筑的生命历程中那些惊心动魄的历史瞬间和"隐秘角落里"鲜为人知的有趣故事。

事实上,除了例行性的文化特展和纪录片,这座代表着中国古代文化艺术和封建君主专制顶峰的古老宫殿,早已开始以另一种更接地气、更年轻化的"人设"展现在社会公众面前,传递她600年历史的厚重文化。"朕知道了""朕亦甚想你""这是朕为你打下的一瓶江山"……这些从故宫延伸出来的流行语风靡网络,有顶戴花翎官帽防晒伞、朝珠耳机、如朕亲临行李牌、印有"朕就是这样的汉子"的折扇,等等,网友普遍赞叹"皇家威仪"不再那么遥远。

当故宫成为一种生活方式时，中国传统文化也不再只是沉睡于博物馆、束之高阁的历史文物，而是融入我们日常生活的一部分。在谈笑风生之间，故宫从庄严肃穆、形象高冷的"馆舍天地"中走出来，并以"零距离"的姿态走进"大千世界"，使大众感受到故宫别样的历史风韵。

借助于现代科技手段，故宫依然在延续"前世"的传奇，谱写"今生"的故事，只是拭去历史的风尘，她不再那么神秘。作为一个年过600的"老古董"，她成功地突破了"次元代沟"，进入更多"90后""00后"年轻群体的视野，真正"活起来"了。故宫的"守正出新"让我们看到了传统文化IP背后的巨大商业价值。据报道，2017年故宫的文化创意产品销售额达15亿元，直接碾压1500多家上市公司当年度业绩。⊖

故宫"华丽转身"的同时，文创行业也开启了发展的新纪元，以故宫元素为特色的文创产品不断地

⊖ 新京报. 故宫"账本"：文创收入销售额15亿元，实控17家公司［Z/OL］.（2019-04-08）［2021-02-04］. https://www.bjnews.com.cn/detail/1554733338114434.html.

"上新"。这不免引起我们的好奇。作为一家非营利性机构，故宫如何创造商业价值？为什么故宫文创事业会在这个时候火热呢？带着这些问题，我们一起来探究一下故宫文创事业的创新发展之路。

博物馆运营文创时代

博物馆是穿越时空的隧道，是与历史沟通的桥梁，更是展现一个国家文化自信的重要载体。截至2018年，世界各国博物馆的总和已达到55 000多家，文博事业越来越成为各国提升国家竞争力和文化软实力的重要抓手。在国内，人们对于文化消费的需求也越来越迫切，在此背景下我国博物馆事业进入了快速发展期。截至2019年，我国博物馆数量已从1978年的349家增长到5354家，平均每年新增200家左右。[一]

作为财政统筹核算的事业单位，我国公立博物馆在很长时间内都依靠财政拨款和门票收入维持运

[一] 翁淮南. 新发展理念下的中国博物馆发展趋势探析 [J]. 文博学刊, 2020（1）: 60-67.

营。虽然国内各大博物馆很早就建立了纪念品商店，但是售卖的产品要么"高大上"、充满知识性和历史感，要么缺少馆藏特色和趣味性，这无形中拉远了与游客的心理距离。文创及周边衍生品的销售额仅占国内博物馆收入的很小一部分。然而，国外许多大型博物馆在21世纪初就已经实现了自我造血，如英国的大英博物馆，自2001年免费开放且政府削减预算之后，七成以上收入都来源于文创产品。随着我国文化产业的逐步开放，这种原始"大锅饭"式的运营模式显然很难适应未来的市场竞争需要。正如大英博物馆商业负责人布坎南（Roderick Buchanan）所说，"博物馆也要改变，要让官员们意识到博物馆也需要赚钱，有着巨大学术价值的藏品，同时也可以作为创造利润的资源"㊀。

2014年2月，国务院出台了《关于推进文化创意和设计服务与相关产业融合发展的若干意见》，这标志着文化创意和设计服务与相关产业融合发展已经成为一项国家战略。博物馆藏有各种类型的文物、

㊀ 搜狐网. 文创是大英博物馆的主要收入来源［Z/OL］.（2018-12-12）［2021-02-04］. https://www.sohu.com/a/281394878_99904813.

珍宝，具有开发文创产品的天然优势。2015年3月20日，国务院颁布的《博物馆条例》正式施行。国家鼓励博物馆"挖掘藏品内涵，与文化创意、旅游等产业相结合，开发衍生产品，增强博物馆发展能力"。博物馆发展文创事业至此有了合法的制度保障。2017年2月，国家文物局在《国家文物事业发展"十三五"规划》中指出，到2020年国家将重点打造50个博物馆文化创意产品品牌，建成10个博物馆文化创意产品研发基地，文化创意产品年销售额1000万元以上的文物单位和企业超过50家，其中年销售额2000万元以上的超过20家。如此密集的政策出台客观上推动了我国博物馆运营步入文创时代。

古老博物馆的"集体上网"几乎成了近几年我国文创市场的标志性商业事件。据初步统计，天猫平台入驻的博物馆数量已达20多家，不仅包括国内知名博物馆，如故宫博物院、中国国家博物馆等，甚至连英国大英博物馆、法国卢浮宫博物馆、美国大都会艺术博物馆，都开始在天猫"上线"，以期分得中国博物馆文创市场的一杯羹（见表6-1）。2019

年，仅在淘宝、天猫平台，博物馆旗舰店的累计访问量就达到16亿人次，其中实际购买过博物馆文创产品的消费者数量已近900万。[一]在众多博物馆中，故宫的触网之路可谓是我国博物馆迈向文创时代最具代表性的缩影，故宫模式也成为其他博物馆纷纷效仿的文创模式。

表 6-1 天猫平台部分入驻博物馆

店铺	实际运营主体	开店时间	粉丝数（万人）	在售产品数量（种）
中国国家博物馆旗舰店	国博（北京）文化产业发展有限公司	2015年8月	174	361
大英博物馆旗舰店	上海品伽文化传播有限公司	2017年6月	187	396
颐和园旗舰店	北京中创文旅科技发展有限公司	2018年4月	28.2	106
陕西历史博物馆旗舰店	陕西英集文化传媒科技有限公司	2018年4月	25.3	139
苏州博物馆旗舰店	苏州市博欣艺术品有限公司	2018年5月	41.2	216
敦煌研究院旗舰店	敦煌兰德坊艺术品有限公司	2018年6月	28.3	294
上海博物馆旗舰店	上海辰汲信息科技有限公司	2018年8月	17.1	175

[一] 清华大学文化经济研究院，天猫. 2019博物馆文创产品市场数据报告［Z/OL］.（2020-04-25）［2021-02-04］. http://www.199it.com/archives/925235.html.

（续）

店铺	实际运营主体	开店时间	粉丝数（万人）	在售产品数量（种）
美国大都会艺术博物馆旗舰店	上海品伽文化传播有限公司	2019年4月	9	210
新疆博物馆旗舰店	新疆末胡营文化传媒有限公司	2019年12月	0.5	75
成都博物馆旗舰店	杭州得可佰软装设计有限公司	2020年4月	0.3	72
敦煌博物馆旗舰店	甘肃丝路手信文化传播有限责任公司	2020年5月	7.8	81
布达拉宫旗舰店	三江国际文化传播（北京）有限公司	2020年5月	0.6	133
法国卢浮宫博物馆旗舰店	阿里巴巴授权宝（天津）文化传播有限公司	2020年8月	0.6	16
湖南省博物馆旗舰店	湖南省文博文创产权产业研究发展有限责任公司	2020年10月	0.3	31

资料来源：作者根据天猫平台数据编制，数据统计截止日期为2021年2月7日。

故宫文创IP家族谱系

事实上，故宫在很早以前就走上了文创之路。1952年，故宫成立了故宫文化服务中心，这是一家直属于故宫的全民所有制企业，主要负责故宫元素文化产品的开发和销售。故宫文化服务中心是后来故宫IP商业化过程中的关键运营主体。根据2020年11月的公开资料，故宫文化服务中心对外投资企业13家，其中2家已注销，剩下11家中仍控股4家，包括故宫文化创意有限公司等。

1983年，故宫出版社（2011年以前称"紫禁城出版社"）成立。2010年，故宫出版社完成转企改制工作，也成为一家全民所有制企业。改制以后，故宫出版社由文化和旅游部主管、故宫主办，主要负责故宫藏品、故宫古建筑研究方面的学术出版和文创产品的开发。根据2020年11月的公开资料，故宫出版社目前对外投资企业3家。其中，故宫文化传播有限公司（简称"文化传播公司"）成立于2008年11月，是故宫出版社100%控股的独资企业，主要负责故宫出版社的文创业务。

此外，故宫的机构设置中还有文创事业部和经营管理处两大职能管理部门。后者负责监督、管理、协调和服务故宫的各类经营活动，包括"故宫""紫禁城"等IP的注册、续展和授权。也就是说，在故宫系统内，依然存在着多个文创事业发展的对外窗口。

2008年12月,"故宫淘宝"上线,也就是网上所说的"庶出长子"。之所以说它是"庶出",是因为"故宫淘宝"由一家名为"北京尚潮创意纪念品开发有限公司"(以下简称"尚潮创意公司")的自然人投资企业实际运营,与故宫及其下属部门和机构并不存在直接或间接的所有权关系。通过获得故宫IP授权,尚潮创意公司联合故宫文化服务中心开发文创产品,最后进行利润分成。这一"庶出长子"为故宫早期文创事业做出了重要贡献,至今仍是故宫文创IP"家族"谱系中粉丝数量最多的一个分支。

也就是从那时候开始,故宫文创IP的探索式发展正式拉开了帷幕。围绕故宫这一超级IP,故宫已经形成了以故宫文化服务中心、故宫出版社和IP授权为归口窗口的三大"谱系"(见表6-2),包括阿里系、京东系和微店。据初步统计,各大平台主打故宫IP的商家数已经有13家,一个以故宫为核心的超级IP"王朝"正在形成。

表 6-2 故宫文创 IP 商家

销售平台	店铺	定位	实际运营主体	归口窗口	开店时间	粉丝数（万人）	产品品类
阿里系	故宫淘宝	来自故宫的礼物	尚潮创意纪念品开发有限公司	故宫文化服务中心	2008年12月	721.5	主打具有故宫元素的中低端文创市场，包括故宫娃娃、文具手账、故宫彩妆、故宫饰品、故宫扇子、包袋服饰
	故宫博物院出版天猫旗舰店	把故宫文化带回家	故宫出版社有限公司	故宫出版社	2016年4月	60.8	故宫馆藏文物的通俗读物、学术著作及文物周边衍生品（如台历、贴纸、对联等），均为纸质产品
	故宫博物院文创天猫旗舰店	紫禁城生活美学	故宫文化传播有限公司	故宫出版社	2016年5月	436.1	品类多、非常精致，涵盖与故宫及其馆藏文物相关的潮流饰品、服饰搭配、文具家居版、彩妆产品等，主打中高端市场
	朕的心意天猫旗舰店	每一克都是宫廷标准	美味风云文化发展有限公司	授权及合作	2016年12月	19.2	具有宫廷特色的点心
	宫喜礼天猫旗舰店	一份来自紫禁城，合乎礼制的吉祥礼物	宫喜礼（北京）文化发展有限公司	授权及合作	2018年9月	7.2	带有故宫元素的金饰、银饰
	故宫酒类文创旗舰店	故宫御酒，美誉天下	金敏宏达商贸有限公司	授权及合作	2019年4月	35.1	以故宫御窖为卖点的白酒
	上新了文创天猫旗舰店	把故宫文化带回家	华星文化传播（天津）有限公司	授权及合作	2019年7月	79.9	主打中高端市场国潮风，产品包括服装配饰、箱包收纳、文具本册、食品潮玩、面部彩妆、故宫首物、创意家居、水杯茶器等
	故宫文具天猫旗舰店	书桌上的紫禁城	《国家人文历史》杂志社有限公司	授权及合作	2019年8月	7	具有故宫元素的文具和办公用品，如笔记本、钢笔、双肩背包等

（续）

销售平台		店铺	定位	实际运营主体	归口窗口	开店时间	粉丝数（万人）	产品品类
京东系		故宫文化官方旗舰店	东方美学，匠心造物	故宫文化传播有限公司	故宫出版社	2019年3月	245.6	具有故宫元素的文具本册、服装配饰、文房雅玩、家居摆饰和故宫美妆等中高端产品，非常精致
		故宫文创官方旗舰店	把故宫文化带回家	良品舍商贸有限责任公司	授权及合作	2019年4月	144.5	具有故宫元素的茶器瓷器、书房文具、故宫美妆、家居生活、珠宝首饰、伞包服饰、字画复制品等中高端产品，非常精致
		故宫出版社官方旗舰店	把故宫文化带回家	故宫出版社有限公司	故宫出版社	2019年5月	8	故宫馆藏文物的通俗读物、学术著作及文物周边衍生品（如台历、贴纸、对联等），均为纸质产品
		故宫宫廷文化	把故宫文化带回家	故宫宫廷文化发展有限公司	故宫文化服务中心	2015年8月	—	故宫珠宝、故宫服饰、故宫家居和其他具有故宫元素的文创产品
微店		故宫博物院文化创意馆	把故宫文化带回家	诺信畅享科技有限公司	经营管理处	2018年11月	—	每一件产品在提取故宫文物元素的基础上，结合传统美学和工艺制作而成，包括文房雅玩、宫廷首饰、芳塔配饰、故宫美妆、茶具瓷盘、木质家具等，单价偏高

资料来源：作者根据天猫、淘宝、京东等平台的公开数据编制，数据统计截止日期为2021年2月5日。

故宫IP商业化成长史

"故宫淘宝"迈出了故宫IP商业化的第一步，然而故宫文创事业的爆发恐怕还得从2013年下半年开始说起……

2013年，宫廷剧《甄嬛传》红遍中国宝岛台湾。"小主""本宫"……这些剧中的称呼开始流行起来。台北"故宫博物院"独具匠心作品——"朕知道了"纸胶带，受到了两岸年轻人的追捧。一盒原本42元的纸胶带被炒到了98元，甚至一度断货，最终这一产品实现了年销量18万件。纸胶带的畅销让故宫的文创团队着实领略了一把文创市场的文化传播潜力。

> 社交货币由沃顿商学院营销学教授乔纳·伯杰（Jonah Berger）提出，他认为，"就像人们使用货币能够买到商品或服务一样，使用社交货币能够获得家人、朋友和同事更多好评和更积极的印象"。简单而言，一个人在社交场合的出场价值，凡是能够获得其他人关注、评论、点赞的行为都可称为社交货币。故宫系列文化产品在年轻人当中也曾是非常火爆的社交货币。

2008～2013年,"故宫淘宝"围绕着故宫元素进行了一些创新,但是它售卖的产品依然比较传统、单调。说是文创产品,其实跟大多数博物馆一样,卖一些明信片、折扇和纪念品等初级产品,设计呆板、缺乏新意,因此当时并没有引起太大的市场反响。○"故宫淘宝"微信公众号一开始发布的推文也只是一些正儿八经的故宫科普知识,像庄重威严的故宫一样,没有让人感觉到一丝亲切感,更吸引不了年轻人的兴趣。直到2012年,故宫文创的年收入也不过1.5亿元左右。○

受纸胶带事件的启发,2013年7月21日,故宫首次启动面向公众的"紫禁城杯"故宫文化产品创意设计大赛,吸引了社会公众对故宫文化产品的关注。与故宫发力文创事业同步,同年11月,"故宫淘宝"也进行了创意上的转变,开始以"故公公""本公"的名义给"小主请安"。只是习惯了各种网络营销方式的年轻人,似乎对这一新的营销创新依然不感冒。

○ 范小军,孙甜甜.兴起、爆红与强化:故宫博物院文创品牌的创新发展之路[DB].中国工商管理国际案例库,2019.
○ 高富贵,张芳菲.皇家生意走出紫禁城——故宫文创的爆红之路[DB].中国管理案例共享中心案例库,2019.

2014年8月,《雍正:感觉自己萌萌哒》一文彻底让"故宫淘宝"红了一把。一向是生性多疑、为人狠毒的雍正皇帝的形象,在编辑之后的一组动态图中被彻底颠覆了。雍正皇帝以各种面貌出现,时而在河边搓脚,时而入山与虎斗,时而抚琴、骑射、看书、钓鱼,忍不住让人捧腹大笑。有人统计,这篇文章上传一个星期内阅读量就达到了80万次以上,人民网、央视网、搜狐网、凤凰网等也争相报道、转载。㊀从这时候起,故宫真正开始走下神坛。

2016年,纪录片《我在故宫修文物》引起了许多"80后""90后"甚至"00后"对古老文物的兴趣,这一年也标志着故宫文创IP走向产业化运作阶段。如果说故宫前8年的商业化探索主要依靠"故宫淘宝"这一"庶出长子"的艰难摸索,近几年故宫文创IP的品牌化、产业化则离不开众多"阿哥"的竞争与协作。故宫出版社牵手阿里巴巴,在天猫上线了故宫博物院出版旗舰店(以下简称"故宫出版")、故宫博物院文创旗舰店(以下简称"故宫文创"),"嫡

㊀ 刘璞,吕泽柔,王镁涵,等. 历史"活"起来:当故宫成为一种生活方式[DB]. 中国管理案例共享中心案例库,2020.

次子"终于可以独当一面。区别于"故宫淘宝"的"萌萌哒"定位,"故宫文创"倡导将"紫禁城生活美学"融入生活,具有更高的品位和格调。几个月时间里,"故宫文创"陆续推出了一系列以故宫馆藏珍品为主题的文化礼品、创意生活用品,如"胤禛十二美人"系列、"龙头老大"系列、"喵游故宫"系列产品。而"故宫出版"则遴选精品图书300余种,以大众更为喜闻乐见的方式推出了一系列讲述故宫文化的书籍以及热销的《故宫日历》。

2017年底,《国家宝藏》(第一季)开播,故宫携手8家国家级重点博物馆在文博领域进行了一次探索、出新。节目通过邀请明星作为"国宝守护人",请他们讲述各大博物馆甄选的3件"大国重器"的前世今生,受到了年轻人的极大追捧。文物作为封藏于博物馆的历史记忆,经过明星们的演绎和专家们的解读,变得似乎不再有距离感。年轻人与历史、传统文化之间的火花被彻底点燃。趁着这一股文博热,故宫又联合北京广播电视台、华传文化、春田影视制作推出了国内第一档以"故宫+文创"作为特色的文化季播类节目——《上新了·故宫》。在第一季节目中,由周一围领衔的"故宫文创新品开发员"一起见证了9件故宫文创新品的诞生。经过网络和媒体的造势,"把故宫文化带回家""让故宫成为一种生活方式"不再只是一句简单的口号,它们开始真正进入年轻人的心中,故宫作为传统文化超级IP的商业价值也更加凸显。

这直接反映为2019年故宫文创事业的第三次发力,故宫文创IP授权和合作进入快速增长期。7月,故宫授权《上新了·故宫》出品方之一"华星文化"全权运营节目"上新"产品的销售,上新了文创旗舰店(以下简称"上新了文创")成功上线,仅在一年半的时间里"上新了文创"就收获粉丝近80万。同时,一些专注于细分领域的IP授权也开始铺开,宫喜礼旗舰店、故宫酒类旗舰店和故宫文具旗舰店分别瞄准了首饰、酒类和文具领域……更多的IP授权和合作仍在继续。到2018年12月,故宫文化创意产品研发已超1.1万件。

"人设"背后的大生意

在许多人眼中,文化IP是一种特殊的存在,它来源于历史却高于历史，它的价值更加体现为文化传承及其背后的社会意义。故宫文创 IP 的商业化走出了一条文化保护和商业转化的平衡发展之路。当传统文化融入现代新商业语境时，它的社会意义也更加凸显。故宫文创 IP 的商业化不仅源于各个消费领域所掀起的复古热、国潮风，以及《中国诗词大会》《见字如面》《国家宝藏》等一系列文化类综艺节目的"推波助澜"，它更源于故宫开放的运营模式。

文化事业单位终究不是企业，非营利性大大地束缚了商业创意的产生。虽然故宫很早就成立了自己的文创团队，但是在实际的运营中新品开发非常有限，大胆地开放故宫 IP 的授权，与合作伙伴一起发展文创事业成为故宫近几年商业价值突飞猛进的关键。从一开始故宫文化服务中心与尚潮创意公司的 IP 授权与合作，到现在跨界联名产品的开发，故宫已经开始将触角伸向更广阔的领域。故宫跨界到哪里，流量就跟着到了哪里。

为什么故宫会具有如此之大的"带货"能力呢？

广告大师威廉·伯恩巴克（William Bernbach）认为，每种成熟产品都会产生一种与消费者发生微妙联系的元素，即"发现与生俱来的戏剧性"。品牌相当于"演员"，市场就是"舞台"，如果产品或品牌在市场这个"大舞台"上把戏剧演得出神入化，就会被观众追捧，成为尽人皆知的"魅力明星"。故宫IP吸引消费者的地方就在于，故宫是我们共同的文化记忆，与她相关的产品能够勾起我们无限的遐想。故宫也是有"人设"的，而不仅仅是一座古老的宫殿。

虽然故宫退出我国的"政治舞台"已长达百余年，延续上千年的封建君主制度也早已湮灭在历史长河中，但是故宫作为我们国家的一个文化符号，始终具有非常大的影响力。

可是，"朕知道了""朕亦甚想你""朕就是这样的汉子"这样一些网红句式的流行，让我们开始重新审视这一形象高冷的古老博物馆。很难想象，每次出现都必须搭配着日出、广角镜头和浑厚播音主持腔的古老博物馆，竟然放下了身段开始与我们互动起来。这种感觉，就像从前"张口就讲道理"的班主任，突然有一天也和我们讲笑话了。也许正因为如此具有反差的"人设"，使得故宫所"演绎"的戏剧更具有戏剧性和无法抗拒的趣味性。在这一新的"人设"之下，围绕着故宫的一系列戏剧都演"活"了，它们不仅具有似曾相识的亲切感，也具有为之惊叹的感染力。

"嫡庶之争"与 IP 授权

卖"人设"的巨大商业价值无可非议，但是如果没有掌握好尺度，"人设"也有坍塌的风险。2018年3月，"故宫淘宝"以"首款""原创"为名上线了一款名为"俏格格娃娃"的人偶产品，这款人偶售价高达599元，但不少"死忠粉"一看到这个乌发杏眼、宽额小嘴、恬静娇俏的娃娃就忍不住"剁手""买买买"。然而，新产品上线只有半天，就有网友爆料，这款故宫娃娃虽然外表绝对原创，身体躯干却与日本厂家 Azone 的产品非常相似。而且产品名称"俏格格"也早已被国内一家公司抢注，"故宫淘宝"随时可能面临改名或是赔偿问题。故宫开放 IP 授权，本来就有很多反对的声音，"俏格格"事件更是将故宫 IP 商业化推向了舆论的风口浪尖。

而 2018 年上演的"嫡庶之争"，再一次对故宫

IP授权的问题进行了一次清算。2017年,"故宫淘宝"大胆地提出了"假如故宫进入彩妆世界"的想法,比如发布宫墙色口红、点翠系列眼影、花画鸟系列眼影、皇帝玉玺腮红等一系列彩妆产品,但不知道为什么迟迟没有上线。"庶出长子"迟迟不上新,让"嫡出次子"有了可乘之机。2018年12月9日,故宫博物院文化创意馆在微信公众号推送了一篇名为"故宫口红,真的真的来了!"的文章,在市场上引起巨大反响,售价199元的预售口红,48小时内订单量就超过3000支,其中网红色"朗窑红色"的预定数超过2000支。㊀可是,当天"故宫淘宝"竟然站出来公开与"嫡出次子"撇开关系,在微博上称"目前市面上见到的所有彩妆并非我们所设计"。这让它们的"皇阿玛"非常尴尬。

在紧接着的12月10日,"故宫淘宝"又发布了一篇名为"故宫彩妆,明天见"的文章,宣布发售包括眼影、高光、口红和腮红在内的8款彩妆产品,口

㊀ 棱镜深网. 口红宫斗之后,扒一扒故宫生意家底[Z/OL].(2019-01-05)[2021-02-07]. https://weibo.com/ttarticle/p/show?id=2309351000014325416625171640.

红价格为 120～160 元。此外，它还特意在文末强调，"以上是故宫淘宝原创"。俩"阿哥"为什么会打架呢？除了故宫内部组织结构上的问题，这恐怕还要归结于故宫 IP 授权背后的深层次原因。事实上，不管是"故宫淘宝"的口红，还是"故宫文创"的口红，都是委托其他代工企业生产的。同时为两个"阿哥"的同一类别产品站台，故宫 IP 的价值是不是会受到商业恶性竞争的影响呢？

IP 持有者同样具有自己的难处。一方面，获得 IP 授权的合作伙伴总是希望能够实现 IP 商业价值的最大化；另一方面，对于 IP 的持有者来说，IP 的过度开发也容易减损 IP 原本的价值。那么，对于故宫来说，如何实现二者的平衡，如何实现故宫 IP 的长盛不衰呢？这恐怕是故宫下一阶段将要面对的重大战略问题。借鉴泡泡玛特所搭建的 IP 运营平台不失为一种有效的解决方法。

07
第 7 章

情绪价值
直面消费中的非理性

古典经济学认为，人是"理性经济人"，然而，个体在现实的经济行为中，不可能具备完全的市场信息供其理性选择，难免受直觉、情境、习惯、习俗等因素影响，做出一些违背经济运算法则的非理性经济行为。伴随着体验经济时代的发展，更高层次的需求变得更加重要，消费者更加注重商品对于情感需要和个性化的满足，而非其生产时的标准化价值。体验经济从非理性经济人的角度出发，揭示了真实的商品交易过程并非冷冰冰的完全理性过程，而是充满情绪变动的非理性的过程。

盲盒就是这样一种产品，消费者的每一次购买行为都在进行心理上的博弈。购买物未知所带来的不确定性，使消费者在"自我实现"等变化中得到快乐，促使其"成瘾"，反复体验拆盒的惊喜。

内容提要

"泡泡玛特现象"让人不解，但同样令人着迷。自2020年12月以来，社会各界对泡泡玛特的讨论有增无减，当然这其中也不乏一些质疑的声音。通过阅读这一案例，你将重点了解如下内容：

1. 泡泡玛特及其背后"盲盒"现象出现的历史背景。
2. 泡泡玛特基于IP运营的商业模式。
3. 盲盒火热背后的行为经济学探讨。
4. 泡泡玛特下一步发展的战略布局。

继娃娃机、口红机之后,"盲盒"这种深受年轻人喜爱的网红产品,再一次掀起了一波消费热潮。2019年8月,天猫发布的《95后玩家剁手力榜单》显示,以盲盒为代表的潮玩手办烧钱指数位列第一,"拆盲盒""集盲盒"一时间成为"95后"消费群体热度最高、最烧钱的新嗜好。据第三方市场调研机构弗若斯特沙利文公司调查,超过45%的爱好者每年在潮玩上的花费超过500元,其中近两成爱好者购买超过5次;部分购买能力强的爱好者甚至花费上百万元,就为收集一整套盲盒产品,或是拆到其中的"隐藏款"。

当下的"盲盒风"也不再局限于二次元领域的潮玩销售,"盲盒出圈"正在带动其他行业市场营销和价值创造模式的"盲盒化"。从动漫和影视周边,到文具、零食、美妆、日用品……"万物皆可盲盒"的时代正在到来。同时,盲盒的火爆不仅推动了"盲盒经济"的发展,更是推动了一家市值千亿级企业——泡泡玛特(POP MART)的诞生,这家公司变成财经媒体争相报道、证券公司扎堆研究、商学院热烈讨论的对象。近两年,泡泡玛特的热度绝并不亚于计划上市前夕的蚂蚁金服。

然而，在盲盒火爆的同时，不解、质疑甚至排斥的声音似乎从未停止。"盲盒就是一种新的赌博游戏""暗藏消费陷阱""买盲盒等于被割韭菜""年轻人的智商税""二级市场炒作"等讨论，给这一新兴品类烙上了一层"污名化"的色彩，也让泡泡玛特未来的发展蒙上了一层不确定性的阴影。"盲盒经济"会不会只是一场泡沫式狂欢，其未来该何去何从？泡泡玛特能否延续打通 IP 产业链上下游的故事？这一章我们将一探究竟。

"盲盒经济"的起源

我们需要清楚的是，盲盒并非突然兴起之事物，泡泡玛特也非国内"第一个吃螃蟹的人"。20 世纪20 年代，受工业革命的影响，自动贩卖机逐渐流行。除了贩卖饮料，这些散落在城市各个街角的"大块头"还销售糖果。当时，为了吸引更多小朋友的关注，美国匹兹堡的 Penny King 公司在自动贩卖机中加入了一些日本生产的小饰品，与糖果一同销售。小朋友只要投几枚硬币，就能买到糖果和随机"吐"出来的小饰品。考虑到糖果和玩具混在一起可能会存在卫生问题，Penny King公司研发出了一种特制规格的"胶囊"，它不仅可以解决潜在的卫生问题，也化解了自动贩卖机因物品大小、形状不一而无法运转的风险。这就是扭蛋或者说盲盒最早的雏形。

1965年，Penny King公司正式进入日本市场，并成立了Penny商会，负责引进和代理日本市场的扭蛋机。Penny商会以"10日元收集全世界的玩具"为销售口号，在日本市场获得了极大成功。20世纪70年代，也就是扭蛋机引入日本的初期，最流行的扭蛋是当时风靡社会的"跑车橡皮擦"和"超人橡皮擦"。随着各种日本动漫IP的盛行，动漫角色的扭蛋手办逐渐取代扭蛋文具，成为最受欢迎的产品。时至今日，扭蛋价格从一开始的10日元到现在的300~500日元，品类也更加丰富，手办、食物、仿真家电……"脑洞"大开、创意十足的设计不断出现。扭蛋甚至成为日本标志性文化之一，许多到访日本的游客都忍不住体验一下日本的"扭蛋文化"。

1997年前后，扭蛋机从日本传入国内，动漫衍生品品牌52TOYS创始人陈威在很长时间内做的就是很多国外品牌扭蛋机的代理生意。[一]应该说,国内不乏"扭蛋机粉",一些年轻人甚至还会"海淘"日本的扭蛋产品,但是由于国内扭蛋机玩具价格高、质量低,扭蛋在国内一直都是不温不火。作为"扭蛋"式营销手段的中国化应用,"集卡式营销"却红极一时。当年,"小当家"和"小浣熊"在干脆面包装内放入不同主题的卡片,曾引起了一波"集卡热"。最典型的就是水浒英雄卡,那时候中小学生为了集齐一套英雄卡,像今天的盲盒一样,也会相互交换。可以说,"买面集卡"几乎是"90后"的集体童年回忆。

电影《快把我哥带走》再现了当年的"集卡热",玩法上也更具特色。电影中,由彭昱畅饰演的角色时分几乎天天买"浪味仙",然而他并不是因为喜欢吃这种零食,而是因为每打开一包浪味仙就可以获得一块拼卡,一旦拼成一张完整的拼图,他就可以兑换全家游的大奖;而如果他拿到一张稀有卡,就可以兑换一辆电动自行车。为了拿到最后一张卡片,他研究了

[一] 搜狐网. 专访52TOYS创始人陈威:国内模玩市场进入快速增长阶段［Z/OL］.(2020-10-20)［2021-02-01］. https://www.sohu.com/na/425972790_388166.

不同卡片的重量差异，最后他甚至只要"摇一摇"就能判断包装内的卡片类型。在搬空了小卖部的浪味仙之后，时分终于集齐了所有卡片。

现在盛行的盲盒似乎只是当年这些玩法的延续，只是盲盒内的东西由卡片变成了潮流玩具而已。

潮流用品杂货铺

进入新世纪，特别是中国加入世贸组织之后，海外消费文化迅速涌入。年轻消费者追求时尚、标新立异之风席卷大江南北，他们疯狂追求日韩动漫和流行娱乐文化，所谓的"哈日族""哈韩族"层出不穷。在这种背景下，反映最新时尚潮流的物品，不管是服装、饰品，还是文具、玩具，都具有广阔的市场，售卖潮流用品的小杂货铺瞬间遍地开花。因为当时国内缺乏 IP 保护的意识，许多杂货铺要么直接复制国外的流行元素，要么直接引入和代理国外潮流的产品，缺少本土的原创 IP，产品质量也是参差不齐。

一直到 2005 年前后，中国才开始出现独立设计师和潮流用品工作室。

那时候，泡泡玛特创始人王宁刚进入郑州大学西亚斯国际学院（现郑州西亚斯学院）攻读广告学学士学位。2006年他就开启了人生的第一段创业旅程。摆地摊、卖校园纪录片、开格子店⊖……大学四年，可以说王宁在不停地"折腾"。2009年，王宁大学毕业后，曾先后就职于一家教育公司和新浪网。然而，家境殷实的他，总是按捺不住内心那股强烈的创业冲动。

大学期间开格子店的经历，他依然历历在目。而与香港一家潮品店（LOG-ON）的邂逅，似乎让他从此踏上了另一条"不归路"。在LOG-ON，我们可以买到最新的时装、电子玩具、文具、家居饰品和个人护理用品，款式独特且极具创意。"你可以拎着篮子跟买菜一样来选购这些首饰、包包、玩偶等。"王宁依稀感觉到了机会的到来。

2010年10月，王宁在北京中关村欧美汇购物中心开了第一家泡泡玛特创意产品店，做起了"潮流用

⊖ 2006年前后，格子店模式由日本引入中国的香港和澳门，尔后进入内地。店主一般在城市繁华地段的商场内放置标准大小的"格子柜"，任何人只需支付很少租金就可以租用格子售卖自己的产品。这种零售模式也曾一度在内地流行，但是现在已不多见。

品杂货铺"的生意。泡泡玛特售卖收藏类玩偶、家居、数码、糖果、玩具娱乐和服装配饰等创意产品。一切新奇好玩的小百货,什么都卖,而且价格并不低,一本 A6 的星钻笔记本就卖到了 185 元。当时的泡泡玛特,更像是日本杂货品牌无印良品。不同的是,无印良品销售的都是自有品牌产品,而泡泡玛特除了售卖自有品牌,如 Pop Panda 系列收藏类玩偶,也销售 200 多种其他合作品牌的产品,如 Sonny Angel 系列盲盒。同时,针对企业客户的不同需求,泡泡玛特还提供个性化的周边衍生品。按照王宁当时的想法,泡泡玛特要成为潮流界的丝芙兰和屈臣氏。至 2016 年 9 月,经过 6 年的摸爬滚打,泡泡玛特已初具规模,在北京和江苏等地开店 28 家。

然而,作为一家贩卖时尚和潮流用品的"杂货铺",除了销售的产品颇具特色和创意之外,泡泡玛特的商业模式与一般零售店并无二致。如果上游品牌商溢价能力增强,留给泡泡玛特流通环节的利润将大大降低。同时,潮流时尚百货具有天然的线下销售属性,而门店的高运营费用很容易压低泡泡玛特的营业收益。

这些困境直接反映在泡泡玛特的财务报表上。

2014～2016年，泡泡玛特连续三年亏损（见图7-1）。另外，国内潮流用品市场风云突变，消费者对潮流的感知呈现出多样化、简约化的特点，颇具日系生活风的"优品店"也如雨后春笋般涌现，品类甚多的"杂货铺"模式并不能给泡泡玛特带来独特竞争优势。转型似乎已经迫在眉睫……

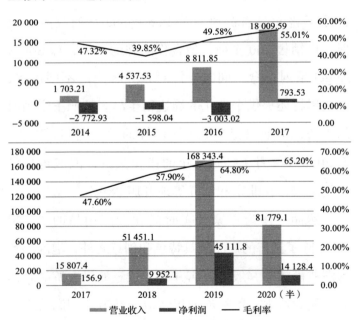

图7-1　2014～2020年泡泡玛特经营业绩（单位：万元）

资料来源：泡泡玛特港交所招股说明书（2020）、新三板招股说明书（2016）、年度报告（2016/2017）。

注：下半图采取国际会计制度，故2017年经营数据不一致。2020年为半年度数据。

潮玩 IP 运营平台

对于泡泡玛特来说，2016 年是转折之年，更是重生之年。

经历了长达 3 年的亏损，泡泡玛特开始另谋出路。2015 年底，泡泡玛特团队在进行销售盘点的时候发现，Sonny Angel 系列潮玩产品销售额持续快速增长。Sonny Angel 的畅销让王宁团队感到非常意外。出于好奇，也是出于对公司未来发展的考虑，2016 年 1 月王宁发了一条微博："大家除了喜欢收集 Sonny Angel，还喜欢收集其他什么呢？"他很快就收到了上百条回复，其中 50% 的人都给出了一个答案，"Molly 娃娃"。

虽然代理 Sonny Angel 品牌产品，但是王宁对 Sonny Angel 和 Molly 背后所代表的潮流玩具并不是非常了解。经过调查，王宁发现，Sonny Angel 和 Molly 之所以备受喜欢，是因为新一代消费者对"收集"有着强烈的心理需求。[一] 20 年前的消费者喜欢收集邮票，而现在的消费者更喜欢收集成套的"艺术家玩

[一] 搜狐网. 泡泡玛特创始人王宁：潮流玩具零售王国是如何炼成的 [Z/OL].（2018-03-22）[2021-01-31]. https://www.sohu.com/a/226150128_363549.

具"或潮流玩具（Art Toys）。对潮玩爱好者来说，艺术家玩具不仅仅是一件简单的玩具，它更是将艺术和潮流融为一体，且具有明显 IP 属性的情感载体。

坦白说，国内并不缺少 IP，光头强、喜羊羊等动漫人物不仅深受小朋友喜爱，在成年人中也有大量的"粉丝"。这些 IP 往往由某一个"大厂"设计师打造，但是由于国内薄弱的知识产权保护制度，基于这些 IP 生产出来的产品难免雷同，甚至粗制滥造。独立设计师有让人着迷的设计作品，但是缺少足够的宣传和商业化资源，其作品很难掀起什么巨浪。而在温室下成长起来的"大朋友"，在放下手中的"幼稚"玩具后，也非常需要一个能够寄托他们精神和情感的新载体，延续儿时玩具所带来的欢乐。

王宁敏锐地嗅到了商机。这一次他要做的，就是要搭建 IP 供给与需求匹配的平台，将泡泡玛特从受制于 IP 持有者的渠道商转型为潮玩 IP 运营商。从 2016 年开始，通过大大缩减产品品类，泡泡玛特将更多的精力放到了搜寻潮流玩具艺术家上，它试图打通潮流玩具产业链，并以盲盒为载体，构建一套区别于"渠道商"和"大卖场"的商业模式。我们可以将其称为"潮玩 IP 运营平台"。

按照魏朱商业模式理论[⊖]，商业模式就是利益相关者之间形成的一套交易结构。如图 7-2 所示，泡泡玛特正是搭建了一个设计师、企业和粉丝之间的良性交易平台。独立设计师提供设计草图，泡泡玛特内部自有设计和开发团队协助、完善设计，并负责新设计的批量生产和商业推广。凭借初期积累的大量市场趋势和粉丝喜好数据，泡泡玛特也能为设计能力优秀的独立设计师提供更多的创意来源。

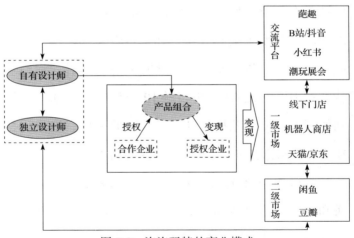

图 7-2　泡泡玛特的商业模式

资料来源：作者绘制。

⊖ 魏炜，朱武祥. 发现商业模式 [M]. 北京：机械工业出版社，2009.

基于自有和授权 IP，泡泡玛特开发了各种潮流玩具产品，包括盲盒、手办产品、BJD 产品[一]及其他毛绒玩具、吊坠、吊牌和别针等衍生品。其中，盲盒产品以低价打入市场（通常定价为 29～99 元），但是在 2017、2018 和 2019 年，盲盒产品销售收益分别占到了泡泡玛特总收入的 57.8%、66.9% 和 80.7%。在 2020 年上半年，这一比例更是达到了 84.2%。

除了与独立设计师进行 IP 孵化和运营合作，泡泡玛特也积极地利用 IP 资源，寻求跨界合作（核心 IP 来源如图 7-3 所示）。比如，通过与迪士尼的合作，泡泡玛特开发了结合 Molly 和米奇老鼠形象的"米奇版 Molly"手办，吸引了粉丝的关注。同时，泡泡玛特通过 IP 授权创造了更多的 IP 变现方式，如授权伊利使用 Molly 形象推广其产品。仅此一项，泡泡玛特在 2019 年就增加了 1200 万元的收益。

粉丝可以在泡泡玛特建立的葩趣 App 上进行沟通和交流，设计师也可以在这里发布其最新的设计，获取粉丝的反馈；其他的社交平台，如小红书、B

[一] BJD 是采用球窝关节连接，以可活动的肢体为特点的人偶。

站、抖音,也为潮玩"发烧友"提供了一个交流的媒介;而泡泡玛特主办的中国潮流玩具展则吸引了来自全球的优秀设计师,在这里他们能够为自己的作品寻找一个不错的归宿。正如前面所说到的,盲盒让人痴醉的地方在于,它不仅通过线上线下交易渠道的设计,让用户将情感带入到消费体验的过程,还通过二级市场的"换盲盒",引起 IP 的更大流量和热度。对粉丝来说,一个小小的潮流玩偶,不仅是一种"社交货币",更是一种具有升值潜力的"金融资产"。

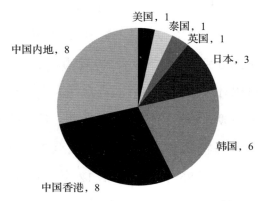

图 7-3 泡泡玛特核心 IP 来源

资料来源:根据泡泡玛特港交所招股说明书绘制。

在这一交易结构中,盲盒只是一个载体,它背后是围绕 IP 所建立的完整商业生态链。目前,至少在国内市场，泡泡玛特已然成为这一生态的"链主"，而设计师和 IP 资源是实现这一生态链有机运转的关键。

中国潮玩行业第一股

2020 年 12 月 11 日，在从新三板退市之后，泡泡玛特在港交所敲钟上市。上市首日，泡泡玛特的股价就突破 77 港元，较发行价上涨超 100%。泡泡玛特招股说明书显示，2017～2019 年，泡泡玛特的营业总收入分别为 1.58 亿元、5.15 亿元、16.83 亿元，增幅分别达 225.4% 与 227.2%。同时期内，泡泡玛特的净利润分别为 157 万元、9952 万元、4.51 亿元，增幅明显飙升。作为国内撬动盲盒巨大潜力和掀起潮玩风的第一股，泡泡玛特终于找到了一条新的出路。

从泡泡玛特运营的 IP 来看，截至 2020 年 6 月，泡泡玛特共运营 85 个 IP，包括 12 个自有 IP、22 个独家 IP 及 51 个非独家 IP。其中，Molly 是现在市场上最畅销的超级 IP 之一，也是泡泡玛特最大的收入来源。这一形象由中国香港设计师王信明先生于 2006 年创作，凭借着她嘟囔着嘴唇和蓝湖色大眼睛的可爱形象，Molly 获得了大量女生粉丝的青睐。不少粉丝表示，Molly "太可爱了，超喜欢""贼可爱""除了可爱还是可爱，我真的太喜欢了"……

据泡泡玛特招股说明书披露，基于 Molly 形象的潮流玩具产品，在 2019 年为泡泡玛特创造的收益就高达 4.56 亿元（见表 7-1），这甚至超过了当年度 12.4% A 股上市公司的年度营业总收入。我们不禁会问，是什么造就了盲盒及其背后的潮玩 IP 如此之大的价值创造潜力？这恐怕还得从消费逻辑的变化说起。

表 7-1 泡泡玛特重磅 IP Molly 的发展

	2017	2018	2019	2020（上）
系列数量	7	6	5	3
总收入（万元）	4 101.9	21 389.3	45 601.8	11 206.4
收入占比（%）	89.4	62.9	32.9	16.3

资料来源：根据泡泡玛特港交所招股说明书编辑而成。

消费新逻辑

从消费逻辑的角度来说，国内盲盒和潮玩 IP 之所以能在这个时间点崛起，至少存在着两个方面的原因。

首先是二次元文化在中国的崛起。所谓二次元，不是我们中学数学中所讲的方程概念，而是指动画、游戏等由二维图像构成的平面世界。这一起源于日本的文化现象，如今也成为中国现实社会中广泛存在的一种亚文化，在"90后""00后"年轻人群体中具有近乎神圣的地位。这一群体酷爱动漫，并且将收集和分享动漫周边内容作为其日常娱乐生活的重要内容。

尽管这一文化至今仍不被许多人理解，一些人甚至将二次元文化视为年轻人群体精神生活的"低幼化"，但不可否认的是，"卖萌""吐槽""CP"等等，这些二次元世界的词汇在大众当中也开始普遍流行，二次元文化正在向主流文化不断渗透。特别是在年轻人群体当中，如果不知道"B站"（哔哩哔哩），都会被视作异类。最新数据显示，哔哩哔哩2020年第三季度月度活跃用户数已逼近2亿人。随着"90后""00后"成为主流消

> PEST分析作为外部环境分析的重要工具，主要考察政治、经济、文化和技术因素对企业经营的影响。从本质上来说，泡泡玛特现象缘起于中产阶级的崛起带来整个社会消费风尚、娱乐文化的改变。

费群体，二次元文化背后所蕴藏的巨大商业潜力被大大地释放出来。这也是泡泡玛特现象出现的关键社会原因。

其次，盲盒和"盲盒经济"的火热也源自盲盒的玩法。盲盒最吸引玩家的，或许并不在于那一件工艺精湛的收藏玩具，而在于盲盒所采取的"不确定性消费"玩法和玩家的博弈心态。正如电影《阿甘正传》的经典台词所言，"生活就像一盒巧克力，你永远不知道下一颗是什么味道"。"拆盲盒"的感觉亦是如此。我们永远也不知道下一个会抽到什么，所以最后越拆越多，越拆越上瘾。

在传统工业时代，管理学者开发了各种各样的管理工具，其核心的目的只有一个，即保证产品的质量，并且试图通过工艺流程的标准化，实现产品生产的稳定性。最典型的当属世界著名质量管理大师戴明，以他的理论为基础形成的一系列质量管理工具，如全面质量管理（TQM）和六西格玛管理，至今在产业界极具影响力。也正是因为在质量管理方面近乎"匠人"般的努力，才有了20世纪末日本产品的全球畅销。时至今日，日本产品依然是高质量产品的代名词。购买日本产品，满足的是我们确定性消费的逻辑。

然而，进入日本畅销书作者三浦展所谓的"第四消费时代"㊀，产品质量和稳定性成了理所当然，企业很难再简单地凭借产品质量，创造独特竞争优势。特别是进入移动互联网时代后，消费体验晋级为影响消费者购买行为的核心因素。而想要提升消费体验，以消费感知的"不确定性"代替"确定性"，增强消费环节的参与感，为消费者创造更多的"意外之喜"（surprise），成为当下竞争的关键。这就是一个"嘟囔着嘴"甚至有些"丑陋不堪"的玩偶，能让那么多的年轻人欲罢不能的重要原因。正如泡泡玛特创始人王宁所说，"买潮玩应该更多的是在购买一份小确幸和满足感"。

行为经济学的视角或许能够帮助我们更好地理解这一新消费逻辑㊁。不同于新古典经济学理论，行为经济学放弃了传统"理性人"的假设，而是从人的

㊀ 三浦展. 第四消费时代［M］. 冯奈，译. 北京：东方出版社，2014.
㊁ 韩欣悦. 从行为经济学视角看盲盒经济之谜［J］. 商讯，2019（27）：117-118.

心理视角考察经济社会行为。从人的需求层次来说，确定性消费满足人在安全和生理方面的基本需要，而盲盒背后潜在的消费不确定性满足了人在社交、受尊重和自我实现方面的高层次需要。

> 按照马斯洛的需要层次理论，人的需要由生理的需要、安全的需要、归属与爱的需要、尊重的需要、自我实现的需要五个等级构成。只有低层次的需要得到满足，才会刺激高层次的需要。

盲盒催生了一个特殊的社交网络，大家因"换盲盒"而结识，因一个共同爱好而走到一起，彼此之间很少会有利益纷争。在某些"95后"眼里，盲盒就是一种"社交货币"，有时候还充当着宣泄情感的载体。⊖ 集齐一套产品或是抽到"隐藏款"，能在粉丝之间产生与众不同的自我优越感，在"盲盒二级市场"的高溢价也让个体产生显著的自我成就感，他们的高层次需要得到更大的满足。

"赌一把"的博弈心态是盲盒玩家"入坑"的第二道心理催化剂。一般来说，常规款盲盒以每套12

⊖ 史亚娟. 让"95后"欲罢不能的盲盒经济：既是陷阱又是机遇[J]. 中外管理，2019(11)：124-125.

个为单系列发售，玩偶具有相同的主题和不同的设计，消费者每购买一个单盒，可以抽取到12个当中的任意一款设计，同时也有可能抽取到概率为1/144的"隐藏款"。尽管概率非常小（正常情况下为0.69%），但是抽取到"隐藏款"依然是一些盲盒购买者的最终目标。不仅如此，抽取到非常可爱的款式会让购买者产生愉悦感，而抽到一些丑陋的设计，购买者也并不会因此而放弃对盲盒的复购行为。

也就是说，快乐最大化才是"不确定性消费"下的交易目标，而不是获取交易的功能和实用价值。个体潜在的"可获得性启发"[一]也使得抽到"隐藏款"这种小概率事件被大大高估，促使个体产生"再赌一把就能成功"的认知偏差。也正是因为如此，购买者重复购买的边际收益事实上并不像传统消费那样递减；相反，由于抽到"隐藏款"主观概率的递增趋向，盲盒的重复购买边际收益呈现出递增的特征，因

[一] "可获得性启发"是心理学家丹尼尔·卡尼曼在其畅销书《思考，快与慢》中提到的一种认知偏差。虽然抽到"隐藏款"的概率只有不到1%，但是由于抽到"隐藏款"的例子确实发生，而且很多"盲盒"购买者抽取到"隐藏款"之后都会乐于分享，个体因此产生这一小概率事件也会发生在自己身上的感知。

而产生了我们前面所说的"欲罢不能"情况。

总而言之，盲盒和"盲盒经济"的盛行，根植于二次元文化的崛起，也反映了底层消费逻辑的变化，这集中体现在由"确定性消费"到"不确定性消费"的转向（二者间的差异如表 7-2 所示）。同时，"不确定性消费"也带来了新消费时代价值创造逻辑的变化，这客观上推动了泡泡玛特这家市值千亿级企业的诞生。

表 7-2　不确定性消费和确定性消费的差异

比较维度	不确定性消费	确定性消费
消费者注意力	消费体验	产品质量和稳定性
需求层次	高层次需要	基本需要
交易目标	快乐最大化	功用价值最大化
需求规律	边际收益递增	边际收益递减

资料来源：作者总结。

打造下一个娱乐帝国

泡泡玛特曾宣扬自己是国内最像迪士尼的公司。两者的相似之处是都以 IP 为载体创造了一个新的社会群体——粉丝，并向他们传递快乐，满足他们对娱乐的高层次需求。因此，本质上来说泡泡玛特是一家娱乐公司。

更深一点讲，泡泡玛特更像是一家经纪公司，将优秀设计师的作品以潮玩的形式传递给大众。然而，"盲盒热"终将冷却，热门潮玩 IP 也有可能面临增长瓶颈，优秀的设计师始终是这一行业最为稀缺的资源。而泡泡玛特需要面对的将会是一个更加艰难的选择——坚持做平台，抑或是转型聚焦内容？

最近，泡泡玛特不再类比迪士尼，反而提出要做"中国的泡泡玛特"，这似乎是在暗示要走出一条与迪士尼不同的战略路径。但是何谓"中国的泡泡玛特"？

同样，我们也看到，盲盒早已不仅是泡泡玛特搅局零售市场的利器，也正在成为各行各业撬动年轻消费群体的"撒手锏"。

- 2019 年 5 月，旺旺推出 56 个民族旺仔牛奶罐装盲盒组合；
- 2019 年 8 月，瑞幸咖啡推出"遇见昊然"系列盲盒；
- 2020 年 4 月，Rolife 若来与晨光文具联名推出中性笔盲盒；

- 2020 年 6 月，名创优品启动"盲盒节"，并将盲盒的形式拓展到更多的品类，包括零食、美妆、家居用品等；

　…………

在一个人人都论 IP、物物皆可"盲盒"的时代，这种所谓的新鲜事物究竟还能"上头条"多久？泡泡玛特的核心竞争力该如何彰显？"盲盒热"过后，泡泡玛特又该以何种形式来满足粉丝的"不确定性消费"需求，走出一条颇具中国特色的娱乐帝国塑造之路？我们依然不得而知，但是也给我们留下了无限的想象空间。

结　语
重塑竞争优势的基础

"如何创建持续竞争优势"是战略管理研究永恒的主题之一。在产品经济时代,企业利用初级产品作为原材料,通过标准化的制造流程,生产出不同类型的有形产品。竞争优势的基础在于占据一个有利的市场定位,波特所倡导的产业基础观提供了一系列分析的框架。而在服务经济时代,服务活动带有更强的无形性和个性化特征。对于企业来说,占据一个有利的行业和细分市场固然重要,但是如果不能设置一道有效的"资源壁垒"或者说"隔离机制",企业还是不能持续地创造和维持竞争优势。按照战略管理资源学派的观点,这一道壁垒就是市场上有价值的、稀缺的、难以模仿和替代的优质资源,特别是能够为企业创造竞争优势的无形资产。比如说,如果企业拥有一个强大的品牌,它就有机会可以享受来自品牌的高溢价和独特竞争优势。

然而,在体验经济时代,企业竞争优势的基础又该如何变化呢?近些年新涌现的需求基础观或可提供一种独特的思考角度[一]。不同于被广为接受的资源

[一] 李卅立,郑孝莹,王永贵. 需求基础观:从用户角度来研究战略管理[J]. 管理学季刊,2016,1(3):128-141,147.

基础观，需求基础观主张从用户的视角重新定义企业竞争优势，认为价值是满足顾客需求的体现，强调价值的外生性而不是内生性。正如我们在前面章节讲到的企业案例，企业只有不断挖掘顾客的多元场景需求，降低顾客获取信息的成本，塑造独特的价值体验，才能在体验经济时代创造一片属于自己的天地。因此，从这一角度来说，我们更应该将企业视为一个满足顾客不同需求的解决方案载体，或者是派恩和吉尔摩所说的"演出舞台"，而不仅仅是一个资源的集合体。

同样，在需求基础观下，企业创造竞争优势的方式从如何拥有或控制资源，转变为如何更好地利用和编排资源，这要求企业摒弃过去依靠垄断制胜的"李嘉图式"（Richard）价值获取方式，拥抱"以正合、以奇胜"的"熊彼特式"（Schumpeter）价值获取方式。作为"演出舞台"的编剧、导演，创业者和企业管理者或者说企业家在这一过程中的作用显得尤为重要。正如著名经济学家、战略管理的先驱彭罗斯（Edith Penrose）所说，"环境其实就是企业家头脑中的印象，而从企业的角度看待需求是非常主观的，即企业家的观点"。这也正是花间堂和十里芳菲创始人张蓓女士所说的"'我'即原点"。未来的商业世界里，需要更多的"原点"。

从波特的产业基础观到20世纪90年代以来被广为接受的资源基础观，学者们对"竞争优势"的理解经历了"由外及里"的重要转变。而在体验经济时代，企业战略的起点似乎又要再一次"及外"，回到市场的另一个主体——消费者或者说用户的需求。通过对前面章节七大案例的阅读，相信你对如何弄潮体验经济已经有了自己的思考。那么，面对未来塑造竞争优势的新基础，你是否也有了新的思考呢？

中欧前沿观点丛书

序号	书名	作者
1	数智时代人才发展五星模型	忻榕
2	沉浸乐购:体验式消费新浪潮	蔡舒恒
3	芮萌聊公募基金	芮萌

忻榕作品

平台化管理
ISBN 978-7-111-63676-2

认识组织行为：成为高效管理者
ISBN 978-7-111-66384-3